Franz Blume

**Metrik Froissarts.**

I. Silbenzählung. Hiatus. Reim

Franz Blume

**Metrik Froissarts.**
*I. Silbenzählung. Hiatus. Reim*

ISBN/EAN: 9783744643658

Hergestellt in Europa, USA, Kanada, Australien, Japan

Cover: Foto ©Thomas Meinert / pixelio.de

Weitere Bücher finden Sie auf **www.hansebooks.com**

# Metrik Froissart's.
## I.
Silbenzählung. Hiatus. Reim.

### Inaugural-Dissertation,
der

hohen philosophischen Fakultät der Universität Greifswald

zur

Erlangung der Doctorwürde

vorgelegt

und nebst den beigefügten Thesen

Donnerstag den 13. Juni 1889

mittags 1 Uhr

öffentlich verteidigt

von

**Franz Blume**

aus Hannover.

Opponenten:

Herr R. Wagner, Cand. phil.
Herr G. Loeck, Cand. phil.

Greifswald.
Druck von Julius Abel.
1889.

# Seinen lieben Eltern

in

**Dankbarkeit**

gewidmet

vom

# Vorbemerkung.

Die vorliegende Arbeit behandelt als ersten Teil der Metrik Froissart's: Silbenzählung, Elision-Hiatus und Reim. Zu grunde liegt unserer Abhandlung die Ausgabe von Scheler: Œuvres de Froissart, Poésies III Bde., Bruxelles 1870/72; (wo eine römische Zahl bei den Zahlencitaten nicht angegeben ist, ist der I. Bd. der Dichtungen gemeint.) Die Prosabriefe der Prison Amoureuse sind für das Kapitel der Silbenzählung unberücksichtigt geblieben. Die häufige Verschiedenheit der Sprachformen des III. Bandes, im Gegensatze zum I. und II. Bande, habe ich stets angeführt, doch kann nur eine Sonderuntersuchung auf sprachlichem Wege über die Echtheit des III. Bandes zu sicheren, entscheidenden Ergebnissen führen.

# Kapitel I:
# Silbenzählung.

## A. Vokalverbindungen im Wortinnern, abgesehen von denen mit e[1])

### I. Vokale, zwischen denen ein Konsonant geschwunden ist, haben zweisilbige Geltung[2]).

*oui:* in *ou/ir (audire)* ist *oui* stets zweisilbig. Infin: 28, 924. 71, 643. 77, 836. II 385, 9. III 11, 346 etc. Perfect: 8, 228. 9, 256. 10, 301. 50, 1660 etc. Partic. Praet: 47, 1552: *J'ai volentiers ces mos o/is.* 123, 1351. III 11, 825 etc.

*oe: po/esté* ist der Regel gemäss dreisilbig: II 248, 66. II 364, 43.

*oi: o/il* wird noch durchweg zweisilbig gemessen: 28, 933. 29, 973. 42, 1385. 123, 1250. III 9, 277 *(ou/il)*. III 39, 1296 etc.

*Lo/is:* in diesem Worte ist der eine Hiatus durch Ausfall des tonlosen *e(o)* getilgt: II 9, 292. II 10, 312. II 335, 41.

*ai: pa/is* regelmässig: 138, 1759. II 385, 13. III 233, 11.

*pa/isant:* III 211, 18.

*na/is:* II 37, 1257.

*a/imant:* 57, 139. II 19, 609. II 407, 5: *A l'a/imant puis vo coer comparer.*

---

[1]) Vgl. Tobler: Vom französischen Versbau alter und neuer Zeit. 2. Aufl. S. 61—79.

[2]) Bei diesen Vokalverbindungen führe ich teils nur die Abweichungen Froissart's von der altfranzösischen Regel an, und diese natürlich genau, teils eine Anzahl solcher Wörter, die, bei Froissart selbst regelrecht, bei manchen seiner Zeitgenossen und später in der Silbenzahl schwanken zwischen der altfranzösischen Regel der Zweisilbigkeit und der neufranzösisch. Neigung, zwei verschiedensilbige Vokale als steigenden Diphthong in einer Silbe zu sprechen. Vgl. Thurot: De la prononciation française depuis le commencement du XVIe siècle Paris 1881. I. 580 und Hossner: Zur Geschichte der unbetonten Vokale im Alt- und Neufranzösischen. München 1886. S. 42 ff.

*aidier* hat das unbetonte *a* noch uncontrahiert erhalten bis auf eine Form: 29, 952: *Aussi je leur aide au besoing.*
Uncontrahiert: z. B. 67, 497. 267, 1625. 299, 2637. 74, 755: *Car mon dur temps m'a/ident a passer.* II 84, 2825. III 48, 1630. III 214,23.

Ebenso das Verbalsubst. *a/ide* stets dreisilbig: 63, 364. 64, 391. 70, 595. 267, 1624. 299, 2636. II 343, 66. III 48, 1621. III 48, 1629. III 58, 193. III 67, 488. III 190, 1733. III 241, 10. III 242, 20 und 30.

Daneben die anders entwickelten Formen:
im Verbum (28 mal) z. B.: 28, 926. 35, 1170. 109, 758. 143, 1906. 215, 148 etc. *ayeue*: 291, 2359. 239, 3803. 322, 3406.
im Subst. *a/ie*: 35, 1171. 49, 1649. 82, 1010. 84, 1089. 152, 2232. 337, 3734. II 204, 323. II 273, 114. II 291, 212. II 295, 136. II 357, 60. II 362, 48. II 365, 58. II 403, 26. II 409, 13, 16 und 19.

*ajue*: 139, 1793. 291, 2358. 339, 3802. II 298, 7. II 426, 19.
*e/ude:* III 212, 11).

*ha/ine* begegnet auch nur uncontrahiert: 101, 477. II 157, 5306: *Moru en croix par ha/ine.* II 333, 37. III 241, 14. III 246, 6. III 257, 2444. III 269, 2852.

*ha/inous, ha/ineus* ebenso: 135, 1653. 151, 2191. 169, 2765. II 402, 6. II 402, 10. III 257, 2443.

*sain* (lat. *sagimen*) findet sich contrahiert: III 142, 1490.

*tra/itre* ist noch uncontrahiert: 217, 203: *Pour ce tra/itre le clamoient.* 3 mal *trahite* als fem. Subst. (vgl. Tobler: Zeitschrift II 552).

II 110, 3711: *Tant es fausse et trahite (:petite).*
II 210, 31: *Se ne m'y nuist Fortune la trahitte (:merite).*
II 265, 95: *Sodacre et trahitte (:ypocrite).*
*tra/hitour:* 5, 125. 333, 3619. II 82, 2758.
*tra/iteuse*: 218, 240: *Le tra/iteuse et le perverse.*
*tra/hison:* II 399, 25. III 257, 2458. III 269, 2835.

*ei: ne/is*, zweisilbig:
II 5, 147: *Ne/is que diront li seigneur.*
III 147, 4. III 193, 1826.

Doch auch einsilbig:

81, 974: *Neis, se d'amer se voloit repentir.*

Sonst *nes* geschrieben: 18, 589. 216, 168:

*Nes la deesse des fontainnes.*

294, 2474. II 39, 1322. II 253, 237. III 165, 16, III 234, 30. (*nesuns* ist immer zweisilbig: 4, 111. II 410, 6. III 221, 13).

*iō:* Hier sind die Endungen der ersten, und im Anschluss daran, der zweiten Pers. Plur. Imperf. Ind. und des Cond. zu betrachten: *-ions* (bezw. *-iens*) gebraucht Froissart sowohl zweisilbig als auch einsilbig: zweisilbig in 22 Fällen (19 i/ons, 3 y/ens).

44, 1451 und 1452: *Et tout dis le bois ali/ons,*
*Et les flourettes cueilli/ons.*

27, 903. 93, 208. 93, 218. 94, 238 und 239. 119, 1096. 186, 3340. 191, 3527. 221, 344. 263, 1494. 263, 1496. 266, 1600. 295, 2522. 318, 3296:

*Avec nous qui chi esty/ens (:cresty/ens).*

II 334, 10. II 362, 52. III 134, 1213. III 138, 1367. III 141, 1481. III 161, 19.

Einsilbig ist *-ions* in 13 Fällen:

91, 159 u. 160: *Et puis juiens aux papelottes,*
*Et ou ruissot laviens nos cottes.*

93, 197. 93, 203. 93, 209. 93, 220. 181, 3193. 295, 2494. 317, 3244. II 117, 3952: *Nous le saurions bien mettre arriere.* II 334, 9. III 66, 445 u. 446.

(Die Verbindung *io(ie)* im Conjunctiv ist regelmässig einsilbig:

z. B. 119, 1116: *Et que ci fuissiemes nous doi.*
III 202, 2132: *Que nous nous puissions en la court .... embatre.* III 262, 2611.)

*-iez* als Endung der 2. P. Plur. Imperf. Ind. od. Condic. bildet 2 Silben in nur 2 Fällen:

III 134, 1214: *Vous voulri/és estre au dessus.*
III 276, 3071: *Lequel voulri/és vous servir?*

Sonst ist -*iez* einsilbig:

z. B. 18, 566: *Li vodriés vous point conseillier?*
45, 1509 u. 1510: *Car grandement vous mefferiés,
Ne jamais grasce vous n'ariés.*
76, 792. 76, 813. 76, 816. 77, 855. 119, 1120 u. 1121. II 124, 4203
u. 4206. II 222, 69. III 105, 1, 4, 7 u. 9. III 134, 1218, 1219
u. 1220. III 109, 8. III 174, 5. III 106, 37.

(-*iez* im Conjunct. ist regelrecht einsilbig:

z. B. 27, 884: *fuissiés.* 73, 694. III 94, 28. III 95, 18.
III 68, 529: *Vous nous tenissies compaignie.*)

Die Beispiele zeigen also, dass -*ions* noch häufig seine lautgesetzliche Zweisilbigkeit im Indic. bewahrt hat, dass dagegen die einsilbige Form, analogisch nach der des Conjunct., noch in der Minderzahl ist. Froissart repräsentiert hier die Übergangszeit von der noch schwankenden Behandlung zu der später allein üblichen einsilbigen Verwendung. Bei -*iez* ist das Verhältnis ein anderes, hier herrscht schon Einsilbigkeit vor; das daneben 2 mal auftretende dreisilbige *voulri/és* (im III. Bande) zeigt nicht Befolgung des neufranzösischen Gebrauches (der Zweisilbigkeit der Endungen nach Muta cum Liquida), sondern ist als später Vertreter der ursprünglichen altfranz. Zweisilbigkeit anzusehen.

*ia: vi/ande* zeigt noch dreisilbigen Gebrauch: 195, 3662. 222, 388. II 48, 1643. II 385, 18.

Ebenso *vi/aire*: 6, 177. 18, 582. 37, 1219.

*mendians* muss, seiner Herkunft nicht entsprechend, zweisilbig gelesen werden: II 289, 151: *Ordenés mendiant* (5 Silbler); denn *ordenés* kann kaum zweisilbig sein, wie das Subst. *ordene* immer zweisilbig ist (z. B. Baudouin de Condé, ed. Scheler XX 105. XXI 677. Jean de Condé, ed. Scheler: V 1.) (vgl. Scheler in der Anmerkung zu Froissart, II 463.). Einmal ist *mendians* dreisilbig: 34, 1120: *Ne mendi/ans qui n'assaie* (7 Silbler).

*iē:* Hierzu *nient (neant, noient, noiant)*. *Nient* gebraucht Froissart stets einsilbig:

132, 1550: *Et pris fort a penser nient mains.*
145, 1987: *Elle y aconte ensi que nient (:tient).*

II 199, 155: *Desespoir me traira a nient (:tient).*
136, 1688. II 189, 932. II 281, 172.

Im III. Bande der Dichtungen wird nur *neant* gebraucht, auch stets einsilbig:
III 123, 850: *Neant plus qu'a lui voulroie faire.*
III 160, 2, 8, 16 und 24. III 161, 32. III 175, 18. III 240, 14. III 263, 2668.

*noient* und *noiant* dagegen, die im I. und II. Bande ausserdem vorkommen, sind zweisilbig (54 Fälle):
z. B.: 7, 210: *Noient ne me resjoïssoient.*
19, 602: *Il ne m'a noient adrccie.* 6, 169. 21, 687. 36, 1184. 69, 549. 273, 1837, 1841 u. 1855. 145, 1985:
*Car je li samble uns drois noiens* (Subst.)
II 12, 378. II 28, 943. II 170, 288. II 368, 15 etc.

Der Unterschied der zwei- und einsilbigen Formen scheint mir mit Hossner S. 47 in der Betonung zu liegen: bei hochtoniger Verwendung (wo das Wort absolut stand) war es zweisilbig; nebentonig (wenn es zur quantitativen Bestimmung eines anderen Begriffes diente) bildete es nur eine Silbe.

*li/en* ist zweisilbig: 11, 328. 21, 696. 89, 1292.

*ui: bru/ine* hat noch stets Hiatus: II 203, 291. II 211, 60.

In *escuielle* ist der Hiatus getilgt: II 77, 2603. II 309, 16.

Auch *ju/is* zeigt noch keine einsilbige Verwendung, welche später Regel wurde:
*Ju/is:* II 160, 5376. *lois ju/ise:* II 157, 5299.

*fu/ir* hat zweisilbiges *u/i* überall, wo betontes *i* zu grunde liegt:
Infin. *fu/ir:* 118, 1078. 136, 1678. 173, 2912. II 379, 20.
III 199, 2036.
Perf. *fu/i:* 18, 590. 136, 1698. 251, 1122.
Part. Praet. *fu/i:* 5, 147. 9, 258. 137, 1717. II 404, 24.
Einsilbiges *ui* haben:
Praes. *je fui:* 137, 1712. 74, 738. 206, 4026. 152, 2207.
218, 245. 282, 2096.
Imperat: II 423, 15. II 424, 6. III 4, 96. III 85, 1180.

Futur. *fuira*: III 36, 1190. Part. Praes. *fuiant:*
II 404, 23.
Subst. *fuite:* III 158, 18.

## II. Vokale, die schon im Lateinischen ungetrennt nebeneinander standen, gehören auch im Französischen verschiedenen Silben an.

Hierbei sind die altfrz. Formen noch grösstenteils gewahrt, mehr als in den Lautgruppen des vorangehenden Teiles; nur wenige Ausnahmen, die dem modernen Gebrauche entsprechen, gestattet sich der Dichter.

*ou* + *Vokal:* Germ. *Edouwart*, mit hiatustilgendem *w:* 222, 373. II 229, 319.

*sou/ef* ist der Regel gemäss zweisilbig:
263, 1483: *Fresce et sou/ef, tendre et doucete.*
II 366, 3: *Sage, sou/es, courtoise et gracieuse.*
242, 919. III 261, 2579 etc.

*pluisours*, gewöhnlich noch in der altfrz. Form *pluisours, pluiseurs:* 73, 692. 78, 870. 87, 1. 88, 52. 111, 842. 126, 1362. 145, 1978. 156, 2348. 163, 2572 etc.

Die neufrz. Gestalt *plusieurs* ist auch aus Froiss. schon zu belegen, zweisilbig (Dreisilbigkeit weist Hossner S. 58 gegen Tobler: Versbau[2] S. 71 nach). 67, 496: *Plusieurs assaus.* III 178, 11.

*o* + *Vokal: po/ete* mit zweisilbigem *o/e:* 258, 1322. II 59, 2013.

*i* + *Vokal: phizonomie*, nur fünfsilbig; (Palsgrave schreibt ebenso; vgl. Thurot II 351)
II 89, 2988: *Car sa douce phizonomie.*
III 126, 963: *La tres doulce physonomie.*

*-ion* (lat. *-ionem*) ist ohne Ausnahme zweisilbig:
z. B. 11, 383 u. 384: *conclusi/on : opini/on.*
13, 421 u. 422: *Et le met en possessi/on*
*De toute sa subjecti/on.*
21, 681 u. 682: *confessi/on : absoluti/on.*
57, 145 und 146. III 3, 67 und 68. III 258, 2495 und 2496.

*i/on* in Eigennamen: 222, 378: *Lions.* 267, 1365: *Yxion.* II 95, 3210: *Pymalion.* II 251, 144. II 388, 19 u. ö. II 382, 4 und 18: *Albion.* II 382, 22: *Septentrion.* 35, 1152: *Eucalions* etc.

*-ieus* (lat. *-iosus*) ist ebenso stets zweisilbig: 15, 483: *graci/eus.* III 47, 1581 und 1582: *malici/eux : vici/eux.* III 248, 6: *religi/eux.* III 254, 1: *glori/euse* etc.

*-ience* zählt regelrecht 3 Silben: 41, 1367: *experi/ensce.* 55, 73 und 74: *audi/ensce : pasci/ensce* 13, 407 und 408; III 17, 530: *sci/ence.* III 262, 2632: *obedi/ence* etc.

*escient* ist bei Froiss. dreisilbig: 165, 2645.

lat. *-ianus* entwickelt sich in Erbwörtern zu einsilbigem *ien*, in Fremdwörtern zu zweisilbigem *i/en* (s. Hossner S. 59).

1) *ien: Orliens,* II 244, 316: *Car le Roy, Orliens et Bourbon.* II 325, 58.

*Valencienes:* II 220, 8 (s. Quicherat: Traité de versification française. ² S. 303).

*Marcienes:* II 220, 7 (*Marciana*, vgl. Graesse: Orbis latinus S. 258).

2) *i/en: Porsy/en (li quens de)* 196, 3693. Sachs: Wb. giebt für heutiges *Porcien* (franz. Landschaft) nur zweisilbige Aussprache an.

*crestyens,* ausschliesslich mit zweisilbigem *i/en:* 318, 3295. III 205, 2208: *cresti/enne : gardi/enne.*

Anmerkung: Hiernach ist Hossner S. 59 zu ergänzen, er muss Ausnahmen zulassen, wenn er sagt: Die zweisilbige Aussprache von *chretien* ist seit dem XIV. Jahrhundert Regel. —

*ancien:* Die Dreisilbigkeit ist im Adj. noch immer bewahrt: 212, 40: *Par les ancy/ennes hystores.* II 62, 2102: *Selonc les ancy/ens usages.* II 110, 3716. II 155, 5229. II 178, 872. II 174, 433. II 200, 205. II 266, 114.

Im Adverb *anciennement* bildet *ie* 2 mal Diphthong, der wohl durch die Stellung in vortoniger Silbe begünstigt wurde: II 155, 5226.

II 178, 5660: *Et anchiennement registrés.*

In *terrien* ist *ien* zweisilbig, 141, 1850 noch *iien*.

Anmerkung: Scheler im Glossar III 409 leitet das Wort noch fälschlich von *terrenus* ab.

*terri/en* ferner z. B. II 368, 22. III 47, 1574. III 135, 1277. III 136, 1282. III 205, 2238. III 269, 2853.

Entsprechend dem altfrz. Gebrauche ist *i/en* zweisilbig ferner in:

*celestien:* III 226, 11. *surgien:* II 200, 206.
*gardienne:* III 61, 296. III 62, 318. III 197, 1983 etc.
*astrologyen:* II 47, 1590. *medicienne:* III 199, 2042.
*naturien:* III 225, 5. III 226, 25. *cothidien:* III 118, 26.
*Julien:* III 118, 14. *Troï/en:* 100, 459 und 465. II 19, 629. II 110, 3721. II 266, 119.

*u + Vokal:* zweisilbiges *u/eus* entspricht seiner Herkunft (lat. *uosus*).

Beisp: *vertueus:* 89, 88. *affectueus:* 155, 2329. *vertueux:* III 22, 720 und III 43, 1447. *impetueusement:* 59, 227.

## III. Vokalverbindungen, die sich durch Diphthongierung eines einfachen Vokals oder durch Attraction eines tonlosen Vokals in die vorhergehende Silbe ergeben haben, haben einsilbige Geltung.

Hier lässt sich consequentes Festhalten der altfrz. Regel für Froiss. beobachten; ohne Ausnahme sind die Vokalverbindungen einsilbig; ich führe einige Beispiele auf, mit Auswahl solcher besonders, bei denen bei Späteren zuweilen oder für immer Zerdehnung des Diphthongs, Diärese, eintrat (s. Hossner S. 65):

*joedi:* II 362, 38.
*Mahieus:* II 24, 808. II 422, 22. *lieus: diex:* 16, 523 u. 524.
*ebrieu:* 158, 2241. II 173, 392.
*trentieme:* II 26, 859.
*gien:* III 118, 17. *fiens:* II 367, 14. *riens:* 20, 652. II 388, 12. III 47, 1573.
*hier:* 88, 26. III 85, 12. *levrier:* 26, 871. 28, 907 und 922.

*millier*: 100, 457. *rosiers*: 44, 1457. 116, 1017. *denier*: III 177, 19. 40, 1840: *piere : baniere : derriere : quarriere : arriere : parliere* etc.

### IV. Vokalverbindungen, welche entstehen, indem hinter einem Vokal ein Konsonant sich in einen Vokal auflöste, sind einsilbig.

Auch diese Regel befolgt Froissart ausnahmslos.
Beisp: 195, 3682: *poursieut : s'ensieut.*
124, 1301: *yeux : pensieus.* 314, 3164: *gentieus : lentieus.*
104, 587: *doubtieus : yeuls.*
II 230, 346: *bruit.* 2, 41: *fruis : bruis.*
Hier mögen zwei Beispiele für dreisilbiges *heaume* Platz finden: 93, 216: *Hy/aumes de nos chaperons.*
II 425, 10: *Coiffe et he/aume et le blazon porté.*

Es ergiebt sich als Resultat dieser Untersuchung über laute Vokale im Wortinnern neben einander, dass Froissart im allgemeinen noch auf dem altfranzösischen Standpunkte der etymologisch regelrechten Geltung der Vokale steht. Waren auch im ersten Abschnitte schon einige Contractionen der durch Konsonantenausfall im Franz. neben einander tretenden Vokale festzustellen *(nes* neben *ne/is, mendians, sain, aide* etc.) und andere Abweichungen, die als ein Streben zu dem modernen Gebrauche zu betrachten sind (z. B. -*ions,* -*iez* einsilbig), so bot hingegen die zweite Gruppe nur wenige Spuren und Ansätze *(anciennement* z. B.) zur neufranz. Behandlung dieser Vokalverbindungen, sie nämlich zu steigenden Diphthongen zu verdichten; denn dies Prinzip verschafft sich erst später, im XVI. und XVII. Jahrhundert, Geltung. Ebenso bot Froissart in den einsilbigen Lautgruppen des III. und IV. Teiles durchaus den korrekten altfranz. Gebrauch (ausser *he/aume).* War es daher im vorhergehenden unnötig, alle dem altfranz. Sprachgebrauche regelrecht entsprechenden Wörter aufzuführen, so habe ich im folgenden Kapitel Genauigkeit in der Aufführung der regelmässigen sowohl, als der abweichenden Fälle beobachtet, da Froissart (in Bezug auf diese unbetonten Vokale direkt vor dem Tonvokale) mitten in der Zeit des Schwankens im Gebrauche der alten uncontrahierten und der durch Contraction etc. veränderten neufranz. Formen steht.

## B. Unbetonte Vokale direkt vor dem Tonvokale.

### I. a vor dem Tonvokale:

1) *aou: sa/ouler:* II 8, 239. II 42, 1422. II 58, 1977. II 287, 84. II 302, 146. II 362, 40.

Nebenformen: *so/oler:* II 21, 699. *so/eler:* 214, 93. II 209, 11. *so/ol* (Subst.): II 97, 3237.

*pa/our (pavorem):* 27 mal uncontrahiert: (60, 234 u. 235. 60, 247 u. 256. 61, 274 u. 277. 61, 288 u. 293. 62, 320 u. 332. 63, 346. 78, 878. 81, 978. 83, 1045. 143, 1931. 205, 4006. 206, 4042. 234, 722. 265, 1573. II 158, 5335. II 214, 145. II 220, 4. II 301, 95. II 305, 227. III 62, 323. III 199, 2020. III 270, 2900).

1 mal contrahiert: III 256, 2428: *pour paour de desolacion* (8 Silbler).

Anmerkung: Bei Einsilbigkeit von *-ion* würde der Vers auch richtig sein, doch ist dies nicht anzunehmen, da einsilbiges *-ion* (lat. *-ionem*) trotz der Häufigkeit der Endung nie begegnet (s. oben).

Adj. *pa/ourous:* 3 mal uncontrahiert: 193, 3611. 197, 3741. II 407, 2.

*a/oust:* 1 mal uncontrahiert: 283, 2128: *De le fin d'a/oust jusqu'en julle.*

*a/ourer:* stets uncontrahiert (in 19 Fällen): (14, 442. 174, 2937. 205, 4000. 270, 1749. *(a/eure).* II 74, 2529. II 130, 4393. II 196, 83. II 253, 244. II 256, 330 u. 331. II 278, 56. II 298, 13. III 71, 621. III 72, 635 u. 643. III 115, 17. III 127, 976. III 132, 1143. III 145, 1594).

*a/ourner:* auch nur uncontrahiert: 164, 2618. 248, 1040. 278, 2008. II 160, 5386. II 340, 87. II 345, 65. III 277, 3078.

Im ganzen weist *aou* 67 uncontrahierte und eine contrahierte Form auf.

2) *aō:* Contraction in *flan*:
II 342, 30: *Voelt avoir ou tartes ou flans (:no/ans).*
92, 181: Diminutiv *flannet: Rons pains, flannés et tartelettes.*

Eine eigenartige Contraction, aus Verschleifung hervorgegangen, findet zuweilen statt bei der Verbalendung -*a* mit nachfolgendem *on* (in der Schreibung der Hss. sind beide immer zu -*an* zusammengezogen). 9 Fälle:

195, 3660 u. 3661: *A la parolle s'acordan*
*Et le desjun là destoursan.*
303, 2775: *Car il estoient plus assés*
*Que nous, et nous trouvan lassés.*
351, 98: *Car eslongié man de quanque j'amoie (= m'a on)*
132, 1546 ist zu lesen (vgl. Note):
*Me lairan chi de soif morir.*
II 255, 305: *Poran dire par esclame.*
II 296, 155: *tendran = tendra on.*
II 312, 59: *Et rogaus appelleran chiaus.*
II 352, 55: *A Lore van le pris donner (= va on).*

*aō* ist also schon stets contrahiert (11 mal).

3) *aa: ga/agnier:* 6 mal in uncontrahierter Form:
II 222, 67. II 327, 22. II 334, 74. II 398, 8, 11 u. 14.
8 mal contrahiert:
47, 1566: *Riens ne gagne qui ne parsert.*
216, 178. II 137, 4633. II 321, 71. II 328, 76. II 383, 24. II 403, 12. III 196, 1929.

Subst. 2 mal als *ga/aing:* 299, 2653. II 22, 730.
3 mal contrahiert:   67, 491: *gain.*   240, 846: *gaing.*
III 177, 4: *gaigne.*

*da/arrain:* 1 mal uncontrahiert:
202, 3900: *Aussi serés la da/arrainne.*
6 mal contrahiert: *darrain,* auch *derrain.*
70, 601: *C'est le derrain mouvement qui ordonne.*

153, 2258 *(au pardarrain)*. 329, 3510. II 146, 4930. II 151, 5073. II 158, 5332.

Das abgeleitete *darrenier* ist stets contrahiert: 329, 3505. II 224, 150. III 75, 747.

*aa* ist also 9 mal uncontrahiert, 20 mal contrahiert.

———

4) *aé: fa/é (\*fatatus):* uncontrahiert 165, 2649: *Lors di : Veci chose fa/ée.* 167, 2726. II 22, 727.

*a/é (aetatem)* 351, 101: *Et amerai encor tout mon a/é.* (also Masc. hier; über den Geschlechtswechsel vom Lat. zum Franz. vgl. Jahn: Das Geschlecht der Subst. bei Froiss., Halle 1882, Diss.).

*chaiere (cathedra)* mit hiatustilgendem *j:* II 312, 53 u. III 21, 681.

*aé* also 4 mal uncontrahiert, 2 mal Hiatustilgung durch *j.*

———

5) *aɛ: raemplir* ist in 9 Fällen uncontrahiert: II 156, 5247. II 202, 260: *Et si de joie ra,'empli.* II 261, 154. II 300, 59. II 382, 4. III 163, 23. III 267, 2798. III 68, 516. III 129, 1075.

In 7 Fällen Contraction: 166, 2690. II 93, 3123. II 304, 196. III 2, 18. III 29, 970.

III 12, 368: *Et lors Amours me va remplir.*

III 24, 771: *Vo court est de tous biens remplie.*

*rançonner:* 1 mal contrahiert:

291, 2377: *On n'use que de rançonner.*

Das Subst. *ra/ençon* ist 1 mal uncontrahiert: 358, 362; 1 mal contrahiert: 252, 1151.

*aɛ* ist also 10 mal uncontrahiert, 9 mal contrahiert.

———

6) *aü:* Hier ist nur ein uncontrah. Beispiel zu nennen: *flahutelle:* II 309, 28: *La musette et la flahutelle.*

———

Die Summe der Fälle aus vortonigem *a* + Vokal ist demnach: 91 mal uncontrahiert,
       41 mal contrahiert,
       2 Hiatustilgungen durch *j.*

## II. ę vor dem Tonvokal.

6) *eou: teouillier:* nur uncontrahiert (4 mal):
24, 784: *Et sus tels vices te/ouilloies.*
57, 133: *tou/elle.* II 222, 63: *tou/eille.* II 884, 11: *tou/eille.*

Das Nominalsuffix *-atorem* ergab *-eour,* später *-eur:*

a) nur *-e/our* haben noch:
*juge/our:* II 149, 5029: *Soit juge/our de la devise.*
II 173, 376: *Qu'on soit juges des juge/ours.*
II 329, 79: *Cil qui doient com juge/our.*
*Donner la rose à la plus belle.*
*change/our:* II 222, 66: *Et les change/ours y sçavoient.*
*losenge/our:* 17, 549: *Ne des losenge/ours n'a cure.*
(Nom. plur. *losengier:* II 75, 2552.)

b) sowohl *-e/our* als auch *-eur* haben:
*empere/our:* 4 mal so: 103, 579. II 170, 297. II 367, 1.
II 318, 43: *L'empere/our qui tant est bons.*
*empereur:* 2 mal: III 22, 701. III 118, 5: *On ne voit empereur ne roy.* (Nom. *empereres:* II 183, 739.)

*vene/our:* 3 mal: 28, 931: *Sont tout li homme vene/our.*
29, 943 u. III 196, 1931.
*veneur:* 2 mal: III 190, 1722 u. III 190, 1735: *Or veulz tu veneur devenir.*

c) nur *-eur* haben folgende:
*ameur:* III 31, 1024: *Car ils sont de vertus ameurs.*
*aministreur:* II 13, 411: *Et aussi li aministreur.*
*bareteur:* II 222, 62: *Un lierres et un bareteur.*
*batailleur:* III 46, 1536: *Ou plus redoubté batailleur.*
*bateur:* II 6, 182: *Ou un bateur en une gragne.*
*chevauceur:* II 306, 7: *Chevauceurs par ci chevauchier.*
*deceveur:* III 38, 1281. III 43, 1443: *Parjureurs, deceveurs de dames.*
*donneur:* III 22, 718 u. III 28, 916: *Et je qui suy large donneur.*
*emprendeur:* II 175, 470: *Que quant a l'emprendeur mesvient.*
*enchanteur:* II 222, 61: *Argent est un droit enchanteur.*

*flateur:* III 180, 24: *Un flateur une flateresse.* (Das Fem. nochmals: III 265, 2718.)

*gengleur:* II 375, 18: *Car je crienc trop des gengleurs la pointure.*

*menteur:* III 36, 1185: *D'autre part, fuy hardy menteur.* III 43, 1442: *Hardis menteurs, faulx orguilleux.* (Fem. *menteresse* z. B: III 180,2. III 265, 2717.)

*moqueur:* III 129, 1052: *Sans contrefaire le moqueur.*

*laboureur:* II 6, 180. III 140, 1435, 1440 u. 1448.

*parjureur:* III 43, 1443. *procureur:* III 93, 5.

*receveur:* II 7, 198: *Par receveurs et par baillieus.* III 38, 1282: *Sont en fin de maulx receveurs.*

*registreur:* II 13, 412: *Qui en ont esté registreur.*

II 13, 421: *N'en ont il esté registreur?*

*semeur:* II 211, 66: *Que sans semence, et sans semeur aussi.*

*vanteur:* III 36, 1186: *Homme triste et homme vanteur.* III 36, 1187. III 36, 1190. III 181, 25.

*eou* also 16 mal uncontrahiert, 36 mal contrahiert *(eu).*

---

8) *eo: ge/horel:* II 31, 1057. Im heutigen Rouchi (vgl. Grandgagnage) ist das Wort contrahiert = *gorel;* auch afrz. schon zuweilen contrahiert, z. B. Remedia amoris 529: *gorel.*

9) *eõ:* In der 1 P. Plur. Praes. Ind. von *veoir* bildet *eõ* Hiatus: *veons:* 295, 2501. II 46, 1565. II 117, 3972. II 239, 114. II 241, 204. III 240, 17. III 252, 3.

Nach Analogie gebildet ist *voyons:*

III 170, 15: *Car nous voions d'une portée.*

*reond:* 8 mal uncontrahiert:

II 41, 1377: *Tout ossi re/ons qu'une pomme.*

II 238, 113: *Car le soleil, qui est re/ons.*

III 114, 1: *Les preux de la Table Re/onde.*

143, 1908. II 46, 1564. II 241, 203. II 331, 77. III 159, 18.

In 3 Fällen Contraction:

92, 181: *Rons pains, flannés et tartelettes.*

III 15, 453: *Dedens ce vergier à la ronde.* II 251, 162.

In den Ableitungen von *reond* fand früh Contraction statt, da hier die Vokale in der Vortonsilbe standen: *rondel*, stets contrahiert: 26, 849. 51, 1714. 162, 2536. II 14, 451. II 78, 2657. III 10, 285 u. 287. III 10, 307. III 75, 749. III 75, 754.

Ebenso *rondelet:* 26, 845. 27, 880 u. 896 u. 898. 160, 2482. 161, 2520. II 79, 2671.

$e\bar{o}$ ist also 15 mal uncontrahiert, 20 mal contrahiert, eine analogische Form.

10) *ea: e/age*: 22 mal uncontrahiert: 3, 79. 15, 477. 69, 552. 87, 1 u. 15. 91, 143. 101, 476. 116, 1024. 117, 1058. 190, 3509. 197, 3729. 276, 1932. 280, 2045. II 44, 1495. II 56, 1909. II 59, 1988. II 146, 4923. II 148, 4970. II 150, 5068. II 153, 5143. II 342, 22. III 192, 1805 *(a/age)*.

Nur in einem Falle Contraction:

262, 1449: *Las! vous n'estiés mie d'outre age.*

*e/agie:* 1 mal uncontrahiert:

II 56, 1909: *Et de jone eage eagies.*

*pe/age:* 1 mal uncontrahiert:

87, 2: *Desirent forment le pe/age.*

Uncontrahiert ferner, wie z. T. noch neufrz.:

*ve/able*: 104, 612. *agre/able:* 51, 1700. 104, 611. II 55, 1870. II 129, 4355. II 162, 10. III 196, 1928 etc.

*cre/able:* II 162, 9. *recre/able:* II 55, 1871.

*recreation:* 193, 3605. 218, 254. 339, 3810. II 187, 862. III 94, 13 etc.

*ea* also 48 mal (ca.) uncontrahiert, 1 mal contrahiert.

11) *eā:* Die Partic. Praes. besonders der Verba *cheoir, seoir, veoir* und *croire* kommen hier in Betracht; analogische Formen ohne Hiatus sind noch selten; von *veoir:*

*voyant:* 18, 598: *Je l'en fis voyant son barnage.* II 74, 2533. II 375, 12.

*ve/ant* dagegen z. B. 57, 137. III 37, 1241. III 46, 1538.

*se/ant:* 197, 3727: *Et en se/ant et en estant.* 237, 769.

II 104, 3508 u. 3509. II 167, 160 u. 167. II 302, 123.
II 321, 4. II 324, 3. II 351, 3 etc.

Die Bedeutung eines Adj. hat das Part. z. B. in *bien seans:* II 148, 4979. II 215, 185. II 275, 196. III 201, 2098. III 46, 1537: *Et tel orgueil est bien seant.*

*cre/ant:* II 156, 5268.

*recre/ant:* (Subst. u. Adj.) 78, 886. 215, 151.
280, 2042: *Li recreant fuissent bouté arriere.*
II 92, 3092: *Et je vous voi ja recreant.* II 55, 1857.
II 62, 2119. II 421, 10. III 155, 22.

*che/ans:* II 221, 30: *Qui sont de leurs fais bien cheans.*

*crant* (Subst. = caution) contrahiert: II 43, 1467:
*Pour lui fai caution et crant.*

*cre/anter:* nur uncontrahiert:
II 70, 2388: *Je le vous creant et prommes.*
II 92, 3093. II 215, 187. II 234, 472. II 282, 195. II 323, 71.

*cre/ance:* auch nur uncontrahiert:
11, 347. II 118, 3983: *Car lettres de creance porte.*
II 142, 4789. II. 191, 1019. II 362, 44. III 122, 829.

*crencier:* ein mal contrahiert:
II 153, 5171: *Que d'acroire à un tel crencier.*

*se/ance:* 1 mal uncontrahiert:
II 300, 75: *De tous biens à ma seance.* (7 Silbler).

*pourve/ance:* stets uncontrahiert (25 mal):
48, 1618: *Cremeur, Avis et Pourveance.*
31, 1040. 64, 393 u. 402. 65, 413 u. 417. 68, 524 u. 532. 69, 577. 70, 589 u. 597. 78, 862. 81, 979. 83, 1054. 324, 3456. II 15, 473. II 27, 920. II 32, 1086. II 34, 1158. II 189, 957. II 272, 109. II 300, 70. II 314, 5. II 416, 12. III 175, 29.

*mesche/ance:* 1 mal uncontrahiert:
III 218, 15: *Et mescheance mist apres.*

*meschant:* 2 mal contrahiert:
II 336, 57: *Va, meschant, ce dist Aloris.* III 32, 1048.

*marcheant:* 3 mal uncontrahiert:
II 7, 309: *Ne marche/ans, ne couletiers.*
II 167, 168. II 221, 29.

3 mal contrahiert:
II 332, 14: *Et se n'ai eü nul marchant.*
II 367, 3: *Soient gentil homme ou marchant.*
III 178, 1: *Se seroient Amours marchandes (:friandes).*
*marchandise:* 1 mal contrahiert:
II 4, 94: *Si me mis en la marchandise.*
*penance:* 2 mal Contraction:
II 340, 52: *Je fui par presse en tel penance.*
II 415, 16: *Le bien d'un lés, d'aultre part la penance.*
be/ance: 2 mal uncontrahiert:
II 15, 474. II 189, 958: *Toutdis devés avoir be/ance.*
*gaiant:* uncontrahiert:
II 173, 390: *Quant li grant gaiant l'assali.*
*Jehan:* nur uncontrahiert (14 mal):
II 24, 807: *Sains Jehans, saint Mars et saint Lus.*
303, 2798. II 10, 312. II 155, 5220. II 160, 5403. II 233, 441.
II 311, 30. II 327, 20. II 328, 66. II 346, 6. II 347, 37.
II 422, 22. II 423, 2 u. 5.

ce/ans u. le/ans, die wohl kaum contrahiert vorkommen, sind auch bei Froissart zweisilbig: *ce/ans:* 318, 3297. II 255, 302. III 45, 1523. III 47, 1592. III 49, 1647. III 203, 2155. III 204, 2189.

*leans:* 6 mal als *laiens* mit hiatustilgendem *j* (im I. u. II. Bande) 44, 1464. 188, 3255. 238, 801. II 88, 2964. II 91, 3051. II 218, 68. 2 mal im III. Bande als *leens:* III 21, 669. III 187, 1628.

*eü* ist 96 mal uncontrahiert, 10 mal contrahiert, 4 analogische Formen, 6 Formen mit Hiatustilgung durch *j*.

---

12) *ee: empecier (*impedicare)* ist schon contrahiert: 293, 2439. II 139, 4692:
*Ne ja ne soit riens qui leur grasce empece.*
II 117, 3971. II 146, 4917. II 153, 5169. II 288, 125.
Ebenso das Subst. *empecemens* 5 mal contrahiert:
II 163, 85: *Quant uns empecemens nous vint.*
II 210, 44: *Ne le poent donner empecement.*
41, 1347. 238, 712. II 80, 2710.

*prechier*: 1 mal contrahiert:
II 29, 961: *Et elle qui tout dis me prece.*

Die 2. P. Plur. Praes. Ind. von *veoir* u. *croire* zeigt Hiatus und Contraction; die analogischen Formen *voyez, croyez* sind noch selten:

II 188, 896: *Or voyes, elle vous regarde.* (2. P. Plur. Imperat.) II 60, 2041.

*ve/és* mit Hiatus 9 mal: II 118, 3995:
*Vous en veés le contrescript.*

II 137, 4625 u. 4626: *Que presentement vous veés,*
*De souhedier vous pourveés.*
46, 1520. 111, 848. II 101, 3397. II 163, 51 u. 52. II 328, 51.

*vous ves*: 5 mal:
234, 744: *Ensi com vous ves en escript.*
18, 570. 322, 3418. II 69, 2358. II 147, 4949.

*veés* als 2. P. Plur. Imperat. 1 mal uncontrahiert:
32, 1049: *Veés le dieu d'Amours, no mestre.*

Das entsprechende einsilbige *ves, vez* ist nach Hossner S. 16 als Compromissform von *vide* u. *ecce* aufzufassen, und infolgedessen regelrecht einsilbig: *vez, ves*: II 57, 1918. III 142, 1504.

III 224, 15: *Vez la belle vigne à souhet.*
III 9, 279: *vez cy.* III 134, 1223: *vez là.*

Meist ist es ohne *z, s* geschrieben u. oft mit folgendem *ci, là* zu einem Worte verbunden: 10, 319: *veci.* 11, 349. 115, 960. 230, 633. II 16, 518. *vela:* II 325, 44. III 224, 29. III 203, 2151: *ve ça.* 122, 1210: *ve me ci.* 128, 1441: *ve le ci.* und 181, 3183. II 325, 53: *ve les ci.* Einmal auch *voici.* II 202, 262.

*creez* als 2. P. Plur. Praes. Ind. 2 mal contrahiert:
II 123, 4161. II 166, 149: *Si le sievrons, se vous m'en cres.*

Als 2. P. Plur. Imperat. 2 mal contrahiert:
359, 378: *Car je vous jur, et si le cres ensi.*
II 60, 2025: *Je vous jur, ne m'en mescres mie.*

1 mal uncontrahiert: II 125, 4208: *Cre/és nous, et amés celi.*

*arreer* (daneben *arroyer*: 288, 2276) vereinfacht das Part. Praet. Fem. *arreée* zu *arrée*: 183, 3263. 223, 391. II 89, 2999. II 185, 815. II 202, 256. II 320, 52.

Adv. *arréement (= arreéement):* II 388, 10. *desreer:* 94, 261 *desreés* (Part.) regelrecht.

*veer (vetare)* ist in der Form des Part. Praet. Fem. nicht so vereinfacht: II 357, 10: *Aux quels ele est etrangement veée.* II 361, 7: *deveé.*

*saieler:* 4 mal mit hiatustilgendem *j*: 238, 788: *Puis le ploiai et saielai.* 246, 986. 279, 2017. 339, 3791.

Subst. *saielet* ebenso: 240, 853: *Et par mon saielet tramis.*

*pre/el:* so in 3 Fällen: 49, 1623: *Qui croissoient ens ou pre/el.* 44, 1455. II 210, 19.

Plur. *pre/aus:* II 344, 29: *On en voit paré ces pre/aus.*

Ferner 1 mal *prayel:*

III 40, 1328: *Ou prayel ou onques n'ot deulx.*

*vel* aus *veel (vitellum)* contrahiert:

II 392, 23: *Maint boef, mainte vache et maint vel.*

*le/esse:* immer uncontrahiert: III 5, 142. III 12, 847. III 14, 439. III 15, 467. III 16, 492 u. 507. III 17, 545. III 18, 557. III 19, 596 u. 623.

*eslc/ecier* ebenso: 102, 526. 172, 2895. 253, 1202. 361, 474. II 279, 81. III 12, 348.

*gre/er:* auch uncontrah.: 271, 1757: *gre/é.* II 358, 40: *gre/ée.*

*cre/er* und *recre/er* ebenfalls im Part. Praet. uncontrahiert: III 268, 2827 u. 2828: *recre/ée : cre/ée.*

*abbesse:* 1 mal contrahiert:

III 180, 22: *Un abbé ameroit abbesse.*

*ee* ist also 38 mal uncontrahiert, 30 mal contrahiert, 6 Hiatustilgungen.

---

13) *ei:* Die Lautgruppe *ei* findet sich

I. bei Verben:

a) in den endungsbetonten Formen der Perfekte von *veoir* und *faire* und analogisch dazu gebildeten Formen der *si*-Klasse:

*veoir:* 21 mal uncontrahiertes *e/i:*

II 70, 2389: *Les ve/istes vous onques mes?*

173, 2904: *S'ensus de moi, amis, je te ve/isse.*

II 306, 6. 3, 79. 95, 268. 174, 2987. 330, 3544. II 131, 4443.
II 132, 4444. II 140, 4736. II 142, 4786. II 144, 4868. II
196, 82. II 214, 149. *ve/isses:* III 27, 886. *ve/ist:* 251, 1144.
II 137, 4642. II 229, 307. III 54, 43. III 131, 1140. *ve/issies:*
III 256, 2410.

Dagegen nur 1 Fall von Contraction:

III 45, 1506: *Or me dis, s'onques mais tu vis.*

Andererseits ist in den stammbetonten Formen des Perf. von *veoir* (und nur bei diesem Verb bei Froiss.) ein silbenbildendes *e* zuweilen eingefügt, in Analogie zu den Perf. *che/i, cre/i, se/i* und in Analogie zu den endungsbetonten Formen von *veoir:*

1. P. Sing. Perf. *ve/i:* 352, 135:
   *Adont lever ve/i le chevalier.*
   II 348, 3: *Ve/i par un jour sainte Helainne.*
3. P. Sing. Perf. *ve/i:*
   II 91, 3047: *Quant il me ve/i ou buisson.*
3. P. Plur. Perf. *ve/irent:* II 62, 2123:
   *Et de conseil le pourve/irent.*

Ferner *asseoir* mit 2 uncontrahierten Formen:

119, 1108: *Puis nous asse/ins sus un sige.*
II 87, 2943: *Si nous asse/ins environ.*

*faire:* 8 Fälle:

*fe/is:* III 261, 2592: *Tu me fe/is pour mieulz valoir.*
*fe/isse:* III 5, 132: *J'en fe/isse un dittier a part.* 95, 267. III 7, 191. III 270, 2872.
*fe/ist:* III 13, 395: *Que le lieu fe/ist nonpareil.*
*fe/issions:* III 84, 26; *fe/issies:* 73, 719: *Par ce point que vous n'en fe/issies compte.*

Ein Fall von Contraction: III 25, 801: *De tes amours, comment tu fis.*

Die Formen mit -*s*- dagegen sind häufiger (37 Fälle):

*fesis:* II 15, 504: *Coulourer le fesis et taindre.*
6, 151. 7, 195. 11, 329 u. 337. 12, 875. 21, 677. 271, 1761. II 16, 515.
*fesimes:* 193, 3585: *Fesimes nous adont grant compte.*
*fesistes:* II 226, 225: *Que ne fesistes au passer.*

*fesisse:* 18, 597. 107, 686. 140, 1808. 161, 2515. 173, 2901:
*Se mieuls peüsse faire, je le fesisse.*
173, 2906. 194, 3616. II 54, 1814. II 163, 87.
    *fesist:* II 2, 46: *Chose qui li fesist nul bien.*
    II 94, 3161: *Tant li fesist il a sçavoir.*
9, 255. 51, 1705. 62, 302. 110, 821. 275, 1906. II 37, 1259.
II 65, 2206. II 122, 4132. II 230, 351. II 363, 17. III 129,
1062. III 181, 4. III 207, 2295. III 214, 11. III 277, 3085.
    *dire:* nur eine Form mit Hiatus:
        330, 3545: *A cui mon estat de/isse.*

    Die übrigen Formen mit ursprünglichem *s* (13 Fälle):
    *desis:* 3, 81: *Et me desis par tel langage.* 5, 142. 6, 152.
272, 1803. 306, 2888. III 261, 2607.
    *desistes:* III 97, 26: *Vous desistes au comencier.*
    *desisses:* II 225, 186: *Compains, di je, se tu desisses.*
    *desist:* II 68, 2312: *Et quoi qu'il ensi me desist.*
II 24, 792. II 145, 4874. III 265, 2729.
    *desissent:* III 265, 2721: *Ne desissent bien que j'ay droit.*
    *mettre:* 3 Formen mit Hiatus:

        III 280, 3169: *nous soubme/ismes* (1. P. Plur. Perf.)
    *me/isse:* III 127, 999: *Mettre son corps que n'y me/isse.*
    *me/ist:* III 64, 391: *Que nul ne me/ist contredit.*
    1 mal Contraction: III 134, 1231: *Et sur cela vous
l'amissiés.*

    Die ursprünglichen Konjugationsformen sind häufiger
(15 Fälle):
    *mesis:* II 15, 481: *Tu mesis, et bien m'en souvient.*
    *mesimes:* 25, 835: *Lors nous mesimes a la voie.*
        160, 2474: *Et illoec nous mesins en mer.*
        II 167, 173: *Nous mesimes le piet a terre.*
27, 878. 42, 1413. 194, 3640.

    *mesisse:* 161, 2516 u. 2517. II 163, 44: *Et mesisse
paine au savoir.*

    *mesist:* 128, 1436: *Que il mesist sus li les mains.*
II 129, 4362. II 299, 30.

*mesissent:* II 54, 1824: *Qui vous mesissent mieulz a main.* 217, 211.

Anmerkung 1: Von *prendre* kommen nur Formen des *-si-*Perfekts bei Froissart vor (13 Fälle):
*presis:* 3, 80: *Et mon coer en presis pour gage.*
275, 1900 *(represis)*.
*presimes:* 119, 1095: *Une fois presins a danser.*
*presisse:* II 112, 3780: *Que je presisse aucun deport.*
76, 814. 194, 3617.
*presisses:* 274, 1893 *(tu represisses)*.
*presist:* 119, 1119: *Ensi qu'on ne s'en presist garde.*
  III 267, 2768: *Que raison le prenist en cure.*
II 85, 2869. II 87, 2929. II 95, 3218. II 415, 24.

Anmerkung 2: Uebertragung der *s*-Flexion in die endungsbetonten Formen von Verben mit der Flexion *-ivi* (die dadurch sich um eine Silbe verlängern, und deshalb hier auch im Kap. der Silbenzählung Platz finden mögen) ist in zahlreichen Fällen zu beobachten: z. B. *partesisse:* II 35, 1192. II 163, 38 (aber *partistes:* 181, 3194).
  118, 1066: *De la partesimes ensi.* 119, 1128. (aber 42, 1412: *partimes*).
*deffendesist:* II 68, 2313: *Prendés qu'il le deffendesist.*
*sentesist:* III 152, 26: *Et bien sentesist sa valeur.*
*rendesisse:* 151, 2197: *Vraiement je me rendesisse.*
*escrisi:* 113, 922. 130, 1496. 237, 747. 238, 787. 244, 929. 246, 995. 247, 1003. 277, 1999. 278, 2009. 309, 3002. 322, 3417. 324, 3464. 342, 3866. II 139, 4689. II 140, 4728. II 145, 4893. II 163, 50. II 171, 332. II 228, 283.

Die Lautverbindung *ei* findet sich:
  b) in einer Anzahl Perfecta auf *-ivi*, von welchen für Froissart nur *cheoir* in Betracht kommt: sämtlich uncontrahierte Formen (11):
*che/i:* 3, 71: *Car pres che/i en desespoir.*
*che/i* (3. Sing. Perf.): 133, 1605: *Phebus che/i en tel anoi.*
  274, 1869: *Pheton che/i la teste enverse.*
112, 868 u. 870. II 96, 3238. II 231, 398 *(esche/i)*.
*che/irent:* 253, 1194: *Che/irent en leurs pareçons.*

II 100, 3367: *Qui che/irent en l'assai.*
che/ist: II 223, 96: *Non plus qu'il che/ist en un puis* u. II 327, 14.

 c) *ei* in *bene/ir* findet sich contrahiert:
158, 2416: *Dont li di: Diex vous puist benir (:tenir).*
*beni* (3. P. Sing. Perf.): II 346, 12.

 Part. Praet. ebenfalls 2 mal contrahiert:
154, 2286: *Or soit benite* (4 Silber: *merite*).
II 210, 27: *Et di ensi: Li heure soit benite (:eslitte).*
*obe/ir*, das im mittelfranz. zuweilen auch diphthongische Aussprache des *ei* zeigt (s. Hossner S. 14), ist für Froissart nur mit zweisilbigem *e/i* zu belegen in sämtlichen Formen (ca. 59 mal) z. B. 4, 88. 5, 141. 12, 387. 14, 440. 34, 1113. 48, 1589. II 188, 904. III 32, 1062. III 229, 6 u. 30 etc.

 Subst. *obe/issance* ebenso fünfsilbig: z. B. 39, 1281. 47, 1577. 211, 16. 218, 250. II 264, 61. II 279, 100. II 411, 17. etc.

II) *ei* im Nomen.

Im Suffix-*aticius*: -*e/is*: nur uncontrahiert:
*boute/is*: 301, 2712: *Des lances un fort boute/is.*
*goute/is*: 301, 2713: *Et de sanc un grant goute/is.*
*estorde/is*: 290, 2323: *Et l'estorde/is de leurs dois.*
*ge/hine* (nfrz. *gêne*): II 223, 110.
*ro/ine* ist auch noch uncontrahiert (19 mal):
 II 8, 232: *Qui fu ro/ine d'Engleterre.* 101, 489.
II 8, 253. II 20, 643. II 87, 2936. II 96, 3253. II 97, 3255. II 158, 5318. II 286, 55. II 288, 128. II 339, 1 u. 13. II 340, 27, 41 u. 55. II 341, 69 u. 74. II 363, 22. III 180, 11.

*me/isme*: 21 mal uncontrahiert:
 53, 11: *En l'absense me/isme dou soleil.*
20, 656. 72, 667. 133, 1585. 231, 667. 241, 909. 246, 966. 270, 1751. 276, 1944. 280, 2029. 334, 3680. II 25, 843. II 32, 1078. II 86, 2888. II 97, 3279. II 124, 4197. II 149, 5028. II 182, 696. III 173, 28. III 255, 2409. III 280, 3170.

*meisme*: in 3 Fällen contrahiert:
 268, 1664: *Ne s'est sceüs garir lui mismes (:abismes).*

III 12, 372: *Ou il meismes va repairant.*
III 40, 1348: *Qu'Amours mesmes s'y delittoit.*
Adv. *me/ismement:* 2 mal uncontrahiert:
86, 1159: *Me/ismement quant je sommeille et dors.*
II 173, 388: *Me/ismement li rois Davis.*
Nomina: 47 uncontrahierte, 3 contrahierte Fälle.
Die Gesamtsumme der *ei* ist also 182 uncontrahierte u. 21 contrahierte Fälle (ausser 78 anderen Verbalformen). (Die Formen von *ve/ir, se/ir, che/ir* [vgl. unter *-e/oi*] sind schon hierzu gerechnet.)

14) *eu:* I. Verba: Diese Lautgruppe haben die Perfekte der *ui*-Klasse in den endungsbetonten Formen u. im Part. Praet.
*avoir: eumes:* 1 contrahiertes Beispiel:
III 186, 1601: *Quant nous eusmes longtemps ainsi.*
*e/ustes:* 1 mal uncontrahiert:
II 224, 149: *Depuis que m'eu/istes premiers.*
Diese dialektischen Nebenformen mit *eu/i* u. *o/i* sind, wie gleich bemerkt werden mag, stets uncontrahiert.
*eustes:* 1 mal contrahiert:
III 148, 1: *Quant vous eustes la congnoissance.*
*e/usse:* 47 mal uncontrahiert (davon 41 mal *eu/isse* nur im I. u. II. Bande, 6 mal *e/usse* nur im III. Bande.)
2, 10. 26, 846. 43, 1427. 76, 823. 89, 68. 102, 527. 108, 740. 91, 134. 111, 854. 121, 1180. 131, 1538. 151, 2196. 158, 2421. 160, 2465. 164, 2607. 168, 2744. 172, 2895. 184, 3294. 194, 3619. 201, 3865 u. 3866. 229, 593. 230, 659. 250, 1100. 306, 2886. 330, 3535. II 3, 72. II 24, 784. II 77, 2610. II 85, 2872. II 93, 3129. II 114, 3841. II 151, 5086. II 152, 5120. II 153, 5155. II 163, 41. II 192, 1058. II 225, 159. II 225, 163. II 322, 16. II 403, 4. III 3, 65. III 39, 1291. III 151, 4. III 184, 1. III 187, 1630. III 269, 2843.
*eusse:* 9 mal contrahiert:
96, 302: *Ja eusse le corps foible et tendre.*
120, 1147. III 84, 24. III 151, 3. III 184, 7. III 203, 2159. III 209, 2340 u. 2341. III 269, 2844.

*e/usses:* 8 mal *eu/isses:*
274, 1892: *Te requist que pite eu/isses.* 4, 107. II 313, 21.
*eusses:* 1 mal contrahiert: II 224, 134.
*e/ust:* 77 mal uncontrahiert (davon 68 mal *eu/ist* nur im I. u. II. Bande, 9 mal *e/ust,* wovon 8 Fälle im III. Bande, 1 Fall im II: II 359, 7). z. B. 3, 56. 8, 231. 19, 624. 43, 1429. 79, 900. 91, 133. II 171, 307. II 359, 8. III 26, 838. III 129, 1070.

*eust:* 16 mal contrahiert (nur im III. Bande):
III 191, 1770 u. 1771: *Ne mon frere ne l'eust ja prise, Se n'eust été Venus ma mere.*
III 176, 16. III 196, 1944. III 197, 1957. III 218, 19. III 250, 6, 7 u. 8. III 250, 16, 22 u. 24. III 263, 2666. III 264, 2676 u. 2678. III 272, 2942.

*e/ussiez:* 4 mal uncontrahiert (2 mal *eu/i* u. 2 mal *e/u* im I. Bande).
183, 3243: *Vous e/ussies moult conquesté.*
298, 2611: *Vous en eu/issies bien a faire.* 99, 420 u. 183, 3245.

*eussies:* 1 mal contrahiert:
III 263, 2664: *Se vous lui eussies le passage.*

*e/ussent:* 8 mal uncontrahiert (nur im I. u. II. Bande und nur *eu/i*)
280, 2041: *De leur bien fet eu/issent lie chiere.*
7, 211. 214, 88. 302, 2758. 304, 2803. II 77, 2604. II 141, 4759. II 320, 34.

*e/u:* 51 mal uncontrahiert: z. B. 3, 56. 9, 271.
11, 353: *Elle a e/u pite de toi.* II 5, 148. II 132, 4476. II 244, 288. III 9, 260. III 27, 873.

*eu:* 1 mal contrahiert:
III 76, 784: *Que j'avoie eue en vision.*

*pouvoir: pe/umes:* 2 mal uncontrahiert *(eu/i):*
302, 2731: *Lors peu/ismes sur yauls conquerre.* II 342, 21.

*pe/usse:* 21 mal uncontrahiert (19 mal *eu/i* nur im I. u. II. Bande, 2 mal *e/u* nur im III. Bande):
9, 259. 82, 1002. 91, 144 .96, 324: *Ja n'en peu/isse je joïr.* 131, 1539. 144, 1937. 172, 2894. 173, 2901. 177, 3047. 247,

1009. 258, 1308. 283, 2121. 330, 3536. 358, 369. II 35, 1191.
II 41, 1390. II 42, 1399. II 63, 2138. II 144, 4867. III 187,
1629. III 199, 2017.

*peusse*: 3 mal contrahiert: 120, 1146: *Mes que sa paix veoir y peusse.* III 137, 1343. III 147, 20.

*pe/usses*: 1 mal uncontrahiert:
III 272, 2939: *Tu pe/usses l'amoureux gre.*

*pe/ust*: 36 mal uncontrahiert (30 *eu/i*, wovon 29 in Bd. I u. II, 1 in Bd. III, 6 mal *e/u*, wovon 5 im III., 1 im I. Bande).
8, 227: *Qui me peu/ist donner confort.*
60, 250. 95, 274. 102, 529. 118, 1065. 121, 1175. 136, 1702.
163, 2584. 185, 3337. 223, 397. 251, 1140. 280, 2038. 330,
3546. 353, 161. II 19, 611. II 23, 778. II 30, 1015. II 37, 1251.
II 41, 1388. II 60, 2046. II 93, 3118. II 97, 3286. II 103,
3497. II 121, 4090. II 138, 4657. II 144, 4860. II 163, 43.
II 214, 153. II 283, 206. II 342, 23. III 53, 22. III 121, 19.
III 130, 1079. III 131, 1139. III 165, 32. III 192, 1785.

*peust*: 3 mal contrahiert:
III 140, 1424: *Qu'on peust dire: cecy est mien.*
III 192, 1790: *Qui ne la peust au cours passer.*
III 216, 13: *Qui en peust le cop retenir.*

*pe/ussions*: 1 mal uncontrahiert *(eu/i)*:
II 146, 4922: *Peu/issons nous ensi solacyer.*

*pe/ussiez*: 1 mal uncontrahiert *(eu/i)*:
73, 694: *Parolle, dont vous peu/issies savoir.*

*pe/ussent*: 2 mal uncontrahiert *(eu/i)*:
84, 1103: *Qu'ils peu/issent estre par bien amer.*
II 146, 4917.

*peussent*: 1 mal contrahiert:
III 196, 1936: *Ils peussent la mort pourchacier.*

*pe/u*: 4 mal uncontrahiert (als *po/u*, nur im I. u. II. Bande):
173, 2915: *Par pluisours fois t'ai po/u assayer.*
14, 459. 51, 1695. II 33, 1112.

*peu*: 1 mal contrahiert:
III 209, 2340: *Autrement n'eusse peu durer.*

*savoir*: *seumes*: 1 mal contrahiert:
II 167, 178: *Entrames, bien seumes par u.*

*sce/usse:* 8 mal uncontrahiert *(eu/i,* auch 1 mal im III. Bande).
  121, 1181: *Tout erramment en coer sceu/isse.*
97, 338. 229, 594. II 24, 785. II 41, 1391. II 112, 3797. II 144, 4868. III 127, 1000.

*sce/usses:* 1 mal uncontrahiert *(e/u):*
  III 35, 1160: *Qu'ains que sce/usses mon vouloir.*

*sce/ust:* 12 mal uncontrahiert (10 *eu'i* nur im I. u. II. Bde., 2 *e/u* nur im III Bande).
  79, 899: *Il n'est nuls coers qui porter le sceu/ist.*
8, 232. 120, 1133. 121, 1165. 149, 2117. 159, 2464. 194, 3645. 288, 2270. II 13, 405. II 210, 33. III 124, 871. III 127, 1001.

*sceust:* 1 mal contrahiert:
  III 134, 1221: *Qu'elle vous en sceust aucun gré.*

*sce/u:* 9 mal uncontrahiert: II 33, 1103: *Le t'ai je sce/u exposer?* 102, 540. 158, 2410. 268, 1664. II 181, 675. II 188, 909. II 329, 84. II 423, 1. III 51, 1713.

*plaire: ple/ust:* 10 mal nur uncontrahiert *(eu/i* nur im I. und II. Bande 6 mal, 4 mal *e/u* nur im III. Bande,
  139, 1780: *Pleu/ist ore au roy de lassus.*
  III 41, 1363: *Ple/ust a Dieu que s'entr'amassent.*
II 23, 769. II 35 1190. II 140, 4744. II 214, 148. II 217, 34. III 19, 619. III 45, 1513. III 68, 528.

*ple/u:* 2 uncontrahierte Fälle: III 27, 885: *Et m'a ple/u que tu venisses.* II 228, 287.

*devoir: de/usse:* 4 mal uncontrahiert (2 *eu/i* im I., 2 *e/u* im III. Bande).
  148, 2088: *Deu/isse moustrer mon anui.*
  III 51, 1719: *Je ne de/usse daignier dire.*
151, 2199. III 208, 2330.

*deusse:* 1 mal contrahiert:
  III 98, 26: *Deusse bien estre secourus.*

*de/usses:* 3 mal uncontrahiert (2 *eu/i* im I. u. II. Bande, 1 *e/u* im III Bande).
  II 28, 945: *Qui deu/isses estre si sobres.*
  III 273, 2969: *Te de/usses bien esjoïr.*

*de/ust:* 10 uncontrahierte Fälle (9 *eu/i* in Bd. I. u. II, 1 *e/u* in Band III).

135, 1670: *Dame qui on deu/ist blasmer.*
86, 1162. 159, 2454. 221, 353. 353, 166. II 37, 1249. II 256, 6.
II 270, 40. II 376, 19. III 217, 25.
    *de/ussiez:* 2 mal uncontrahiert *(e/u):*
        III 98, 14: *Vous me de/ussiez demander.* III 255, 2409.
    3 mal contrahiert:
        III 94, 28: *Ce que deussiez ramentevoir.* III 95, 18
u. III 96, 20.
    *de/ussent:* 1 mal uncontrahiert *(eu/i):*
        II 122, 4120: *Deu/issent voloir nul hausage.*
    1 mal contrahiert:
        III 143, 1549: *Ce qu'ils deussent avoir gardé.*
    *de/u:* 5 mal uncontrahiert:
        III 135, 1249: *Car en chose qui est de/ue.* 15, 481.
II 304, 217. III 137, 1336 (Subst.) u. 1344.
    *croire: cre/ust:* 2 mal uncontrahiert *(e/u):*
        III 138, 1351: *Me cre/ust, elle ne feroit.* III 40, 1337.
    *cre/u:* 10 mal uncontrahiert:
        II 173, 395 u. 396: *Que tes corages soit cre/us*
                        *Et en avant tant parcre/us.*
23, 740. 306, 2886. II 179, 597. II 304, 218. III 265, 2715 u.
2716. III 271, 2927 u. 2928.
    1 mal contrahiert:
        III 151, 3: *Mais se j'eusse creu la sensible.*
    *connaître: cogne/usse:* 2 mal uncontrahiert *(eu/i):*
        II 192, 1057: *Que ce mariet congneu/isse.* 91, 135.
    *cogne/ust:* 2 mal contrahiert: III 263, 2669: *Il ne congnust vous ne vos gens.* III 152, 27.
    *cogne/u:* 18 mal uncontrahiert:
        77, 856: *Que tout mi mal seroient cogne/u.*
99, 410 u. 424. 191, 3524. 207, 4076. 318, 3301. 339, 3795.
356, 278. II 28, 940. II 182, 686. II 188, 910 u. 927. II 403, 4.
III 16, 508. III 27, 874. III 51, 1714. III 263, 2666. III
269, 2843.
    *percevoir* etc.: *perçu/ist:* 1 mal uncontrahiert:
        194, 3644: *Car sans ce qu'on s'en perçu/ist.*
    *perce/u:* 2 mal uncontrahiert:

250, 1099: *Ne ja perche/us ne m'en fuisse.* 191, 3525.
*parce/u:* 1 mal uncontrahiert:
  III 176, 17: *Et qu'il a asses parce/u.*
*aperce/u:* 2 mal uncontrahiert:
  III 14, 432: *Ne cy endroit apperce/ue.* 207, 4075.
*rece/u:* 11 mal uncontrahiert:
  17, 541: *Et lors que rece/u m'auront.* 73, 713 u. 717. 79, 906. 201, 3857 u. 3876. II 116, 3905. II 118, 3986. II 233, 456. II 356, 44. II 384, 18.

*rechupt* (Part. Praet.): 3 mal contrahiert: 252, 1160: *Tel que de Rose rechupt l'ai.* 260, 1390. III 98, 23.

*conce/u:* 3 mal uncontrahiert: 54, 32: *Dont quant j'ai bien conce/u les substances.* II 118, 3987. II 363, 58.
1 mal contrahiert:
  II 315, 47: *S'ot moult tost conçut la substance.*

*dece/u:* 4 mal uncontrahiert: 201, 3858: *Pas ne m'en tienc pour dece/u.* II 121, 4084. II 135, 4567. III 176, 16.

*che/u:* 8 mal uncontrahiert: 73, 718: *Car s'elle estoit en noncaloir che/ue.* 187, 3405. II 86, 2881. II 86, 2882: *mesche/u.* 75, 768: *enche/us. esche/us:* II 95, 3218. II 121, 4085. II 182, 711.

*be/u:* 1 mal uncontrahiert:
  131, 1538: *Fors de tant que be/u eu/isse.*
1 mal contrahiert:
  218, 231: *Quant elle eut but, si dist en haut.*

*embeu:* 2 mal contrahiert: II 94, 8155: *De l'ardant fu d'amours embus (: Phebus).* II 111, 8741.

*le/u:* 4 mal uncontrahiert: 322, 3421: *Et quant j'oi le/u une espasse.* 339, 8794. II 230, 366. III 260, 2554.

*lut:* 1 mal contrahiert: 85, 1120: *Car Tubulus, si com j'ai lut de li.* (Daneben die Formen *lit* 108, 737. *parlit:* II 231, 876. *eslit:* II 210, 28. III 171, 5 u. 25.)

*esl/eu:* 1 mal uncontrahiert:
  III 185, 10: *En ceste partie esle/us.*
1 mal *eslieu:* III 190, 1712: *Ce parc signifie le lieu*
  *De ma mere Venus eslieu.*

Nach Suchier: Zs. f. r. Phil. II 270 ff. haben wir in

solchen picardischen Formen (wie *eslieu*) Anlehnung an die stammbetonten Perfektformen zu erblicken; Contraction ist dabei also ausgeschlossen.

*me/u:* 1 mal uncontrahiert:
II 176, 495: *Et moult bien me/u, ce me samble.*
2 mal contrahiert:
149, 2113: *De confort simple, mat et mu.* II 305, 222.
Daneben 1 mal das Part. Praet. *meute:*
II 253, 217: *Meute ne planée.*

*esme/u:* 8 mal uncontrahiert: II 79, 2669: *Desirs fu forment esme/us (:pourve/us).* 57, 159. II 200, 186.
1 mal contrahiert:
III 230, 20: *De mal esmeu ou qu'on veult esmouvoir.*

*pe/u (\*pascutum):* 1 mal uncontrahiert:
II 227, 235: *Bien gouvernés et bien pe/us (:ve/us).*

*repe/u:* 2 mal uncontrahiert: II 362, 40: *Dont repe/us sommes et saoulés.* 35, 1146.

*tre/u: (tributum)* subst. Part.: 1 mal uncontrahiert:
II 179, 598: *Loyauté est li drois tre/us.*

*ve/u:* 100 mal uncontrahiert: z. B. 43, 1420: *Quant j'ai ve/u mon mestre en face.* 32, 1072. 75, 767. 77, 855. II 68, 2325. II 170, 296. II 327, 40. III 107, 5. III 168, 34 etc.

Subst. *ve/ue* z. B.: 47, 1580: *Soit a ve/ue ou en requoi.* 246, 989. II 61, 2082. II 187, 859. II 298, 5. III 15, 463.

Conj. *ve/u que:* z. B. III 10, 284:
*Ve/u qu'elle est courtoise et saige.*
III 161, 6. III 162, 30. III 243, 26. III 266, 2749 etc.

*veu* ist contrahiert in 2 Fällen:
II 89, 3000: *Soit a vue ou en requoi* (als Subst.)
Obwohl Scheler in den Addenda III 452 hierzu bemerkt: Lisez *veüe* p. *vue,* so muss es doch bei dem im Text stehenden *vue* bleiben, des Metrums wegen (7 Silbler).
III 262, 2637: *Que g'y soie veus ne oïs.*

*pourve/u:* 51 mal uncontrahiert:
z. B: 9, 272: *Je vous voi si biel pourve/ues* 43, 1418. 158, 2409. 246, 990. II 144, 4859. II 359, 3. III 9, 259. III 78, 12. III 232, 30. III 149, 22 *(despourve/u)* etc.

1 mal Contraction im Adv.

354, 197: *Ançois li dis asses pourvuement*.

e/u erscheint ferner im Verbum

*ruser:* 3 mal contrahiert: III 37, 1234: *Ou entendre à elles ruser*. III 22, 711. III 44, 1483.

*ruse* (Subst.): 1 mal contrahiert: 151, 2171.

*asse/urer:* 9 mal uncontrahiert: III 166, 26: *On 'ne s'i puet de riens asse/urer*. 69, 578. 330, 3524. II 287, 74. III 2, 43. III 8, 226. III 116, 16. III 212, 14. III 243, 2.

Der Hiatus wird aufgehoben durch eingeschaltetes *g:* 7 mal (nur im I. u. II. Bande):

46, 1538: *En ce confort je m'assegure*. 171, 2846. 172, 2867. II 265, 105. II 267, 159. II 302, 124. II 322, 22.*)

## II. *eu* im Nomen:

*se/ur:* 24 mal uncontrahiert: 275, 1907: *De ce sui je se/urs et fis*. 65, 409. 66, 469. 69, 577. 83, 1042. 103, 549. 228, 574. 271, 1773. II 28, 936. II 276, 217. II 410, 23. III 8, 224. III 16, 506. III 18, 574. III 23, 734. III 36, 1199. III 47, 1584 u. 1599. III 61, 295. III 65, 406. III 131, 1127. III 197, 1952. III 200, 2058. III 231, 27.

*segur:* 8 mal (nur in Bd. I u. II): II 121, 4096: *Car je sui tout segur et fis*. 171, 2847. II 17, 547. II 49, 1677. II 106, 3593. II 293, 55. II 361, 24. II 370, 23.

*seur:* 1 mal contrahiert:

III 33, 1082: *Qu'en court il n'y a nul seur bien*.

*se/urement:* 12 mal uncontrahiert: 318, 3276: *Se/urement le vous proumet*. 72, 654. II 247, 26. III 66, 454. III 89, 16. III 89, 3. III 140, 1439. III 190, 1714. III 200, 2062. III 208, 2326. III 247, 13. III 279, 3148.

*segurement:* 3 mal (nur in Bd. I u. II): 73, 714: *Segurement vous jure corps et ame*. 171, 2842. II 12, 370.

---

\*) *jun* und *juner* zeigen keine Contraction, sondern entstehen direkt aus \**junum*, \**junare*. Vgl. G. Paris: Romania VII 96.

*jun:* II 377, 3: *En jun*. 195, 3659: *Le desjun*. 195, 3661.

II 24, 799: *Sa sainte june et sa souffrance*. 311, 3054.

*juner:* 142, 1884. 224, 443. *desjuner:* 142, 1883 u. 248, 1032.

*seurement:* 1 mal contrahiert: III 83, 1100: *Se seurement y vivre veulx.*
*se/urté, se/ureté:* 6 mal uncontrahiert:
212, 26: *Se/ureté, foi et hommage.*
65, 439. III 84, 1126. III 35, 1163. III 87, 17. III 221, 3.
*asse/ur:* 5 mal uncontrahiert:
II 175, 465: *Tu n'i pues pas estre asse/ur.*
300, 2664. III 131, 1128. III 136, 1284. III 276, 3054.
*me/ur:* 3 mal uncontrahiert: 65, 410: *Qu'en tous ses fais on le voie me/ur.* 66, 470. II 28, 937.
*e/ur:* stets uncontrahiert (75 mal): 76, 825: *Quant j'ai l'e/ur que d'estre en vo present.* 103, 550. II 210, 38. III 3, 70. III 36, 1200. III 236, 1, 4, 7 u. 9 etc.
*e/ureux:* 43 mal uncontrahiert: II 102, 3429: *Tenir t'en dois pour e/ureus.* 14, 447. 75, 781. 210, 4191. 359, 372. II 369, 22. II 212, 85. II 244, 296. III 37, 1218. III 41, 1358. III 199, 2015. III 278, 3125 etc.
1 mal contrahiert:
III 154, 15: *Et s'appert que fol maleureux.*
In *euvireus* ist der Hiatus getilgt (6 mal):
342, 3847: *Je m'en tieng a bien euwireus.*
101, 502. 201, 3859. 226, 489. 347, 3898. III 71, 597.
*euvoureus:* 1 mal:
103, 548: *Tenir t'en dois pour euvoureus. (:amoureus).*
*Melun (Melodunum):* II 810, 1 schon contrahiert: *Pour aler à Melun sus Sainne.*

Das Nominalsuffix *-atura: -e/ure* zeigt folgende Formen:

a) nur uncontrahierte Formen sind verwendet in:
*arme/ure* (1 mal): 301, 2728: *D'autres arme/ures assalent.*
*enclose/ure* (1): II 212, 98: *Et la cuesi, dedens l'enclose/ure.*
*parle/ure* (1): 46, 1537: *Et que par vostre parle/ure.*

b) sowohl contrahierte als auch uncontrahierte Formen:
*veste/ure* (1): II 202, 257: *Et de veste/ure parée.*
*vesture* (1): II 307, 29: *Ne sçai se la vesture est chiere.*

c) nur contrahierte Formen:
*alure* (1): 40, 1336: *Alés vous en bonne alure* (7 Silbler).

*cevelure* (2): 270, 1726: *Chief, chevelure, fronc joli.* 269, 1704.
*coumellure* (1): 269, 1705: *Sans avoir aultre coumellure.*
*escandure* (1): III 151, 9: *Que j'en sentiray l'escandure.*
*fremure* (1): III 116, 19: *A celui met elle en fremure.*
*semure* (1): III 40, 1343: *Dyasprées comme en semure.*\*)

I. Im Ganzen ist im Verbum:
*e/u* 341 mal uncontrahiert,   *eu/i* 219 mal uncontrahiert,
*o/u* 4 mal uncontrahiert *(po/u)*,   *eu* 67 mal contrahiert.

II. Im Nomen:
*e/u* 172 mal uncontrahiert, 12 mal contrahiert.
Summe von I u. II: 513 uncontrahierte *e/u*.
219 uncontrahierte *eu/i*.
4 uncontrahierte *o/u*.
79 contrahierte Fälle.

15) *eoi:* Neben dem schon genannten Part. *benit* (von *benir*) ist hier anzuführen:
*bene/oit:* noch uncontrahiert: 3 mal:
175, 2983: *Dessus les sains sacrés et bene/ois.*
II 362, 38. III 148, 17.
*Bene/oit* als Eigenname: 1 mal uncontrahiert:
II 346, 5: *Ou Bene/oit: Baptiste croi.*
Ferner kommen hier in Betracht die Infinitive *veoir, seoir, cheoir,* an welche sich dialektische Nebenformen auf *-ir* anschliessen:

---

\*) Unetymologisches *e* wurde in dieser Zeit des Schwankens zwischen contrahierten und uncontrahierten Formen von Froissart öfter eingeschoben, ohne dass es jedoch bei ihm, wie sonst wohl, Silbe gebildet hätte; so besonders beim Conj. Imperf. von *estre* im III Bande. Z. B:
*feusse:* III 21, 678: *Jamais ne me feusse lassés.* III 113, 25.
*feust:* III 22, 710: *Il n'est seigneur qui n'y feust pris.* III 32, 1076. III 33, 1102. III 41, 1366. III 64, 393.
*feussions:* III 262, 2611. *feussent:* III 45, 1514. III 131, 1128.

*veoir:* 104 mal uncontrahiert: z. B:
19, 604: *Sans veoir sa grasse proçainne.*
6, 157. 14, 453. 29, 972. 177, 3047. II 10, 320. II 150, 5066. II 170, 289. II 210, 22 (Subst.):
*Son doulc veoir grandement me proufite.*
II 369, 1. III 21, 666. III 186, 19. III 230, 22 etc.
*voir:* contrahiert in 9 Fällen: II 322, 20: *Adieu, Robin, tant qu'au revoir.* u. II 413, 5, 8 u. 11.
III 13, 403: *Que ceux qui là le venront voir.*
III 19, 619. III 30, 995. III 42, 1402. III 242, 24.
*ve/ir:* 19 mal uncontrahiert:
II 3, 58: *Ensi com vous porés ve/ir.*
68, 533. (*pourve/ir*) 353, 369. II 140, 4720. II 200, 181. 159, 2445. II 260, 147. II 270, 80. II 280, 119. II 290, 192. II 385, 29. III 4, 87. III 7, 209. III 15, 479. III 17, 527. III 24, 770. III 26, 852. III 254, 22. III 259, 2522.
*vir:* contrahiert 5 mal (nur in Band I):
69, 568: *Ce m'esjoist, dame, quant je puis vir (:servir).*
136, 1675. 192, 3552. 349, 27. 218, 243 (*pourvir*).
*se/oir:* 14 mal uncontrahiert: 32, 1069: *Il me fist à ses piés seoir.* 49, 1647. 184, 3275. 189, 3474. 198, 3778. 199, 3806. 223, 397. 352, 149. II 38, 1282. II 63, 2139. II 171, 304. II 207, 415. II 237, 74. II 253, 226.
Contrahiert ist *seoir* bei Froissart noch nicht.
*se/ir:* 1 mal uncontrahiert:
III 50, 1683: *De se/ir sus, disant: Prenez.*
*seir:* contrahiert 6 mal (nur im Compos. *assir*):
II 186, 826: *Poés bien assir vo baniere.* 217, 193. II 417, 13, 16, u. 19. II 108, 3662.
*che/oir* u. Composita: nur uncontrahiert:
II 86, 2879 u. 2880: *Mes celi il laissa che/oir*
*Pour nous en parolle enche/oir.*
201, 3888. II 105, 3535.
*che/ir:* ebenfalls nur uncontrahiert, 6 mal:
212, 33 u. 34: *Bien m'en deveroit mesce/ir,*
*Diex ne me lait ja ence/ir.*
60, 240. 209, 4148. II 67, 2286. II 387, 5.

In den Imperfekten derselben Verba *(veoie, seoie, cheoie)* ist ebenfalls Contraction nicht eingetreten:

98, 391 u. 392: *Tout ensi que là me se/oie,
Et que le firmament ve/oie.*

*ve/oie* etc.: 106, 675. 115, 979. 164, 2598. 167, 2711 und 2714. 183, 3255. II 26, 874. II 131, 4425. II 64, 2176. II 65, 2202. II 168, 198. II 171, 310. II 230, 360. II 104, 3510. II 169, 250. III 17, 551. III 55, 77.

*seoie* etc.: 187, 3386. II 104, 3511. II 169, 229 u. 249. II 168, 197. II 88, 2960. III 54, 73.

Im Verbum ist *e/oi* also 126 mal uncontrahiert (ohne die Imperf. *ve/oie, se/oie*), 9 mal contrahiert.

Bei den Substantiven kommt das Suffix *-atorium* : *-eoir* in Betracht in folgenden Fällen:

*mire/oir:* 23 mal uncontrahiert:

163, 2563: *C'estoit le plaisant mire/oir (:ve/oir).*
158, 2418. 163, 2566, 2582, 2586 u. 2590. 164, 2599, 2602 u. 2623. 164, 2626. 165, 2632, 2647 u. 2659. 167, 2704, 2720 u. 2727. 168, 2735 u. 2746. 175, 2993. 176, 3004. 177, 3048. 181, 3167. II 98, 3307.

*miroir:* 3 mal contrahiert: III 88, 16: *De beauté le haultain miroir (:voir).* 158, 2412. 167, 2716.

*treçoir:* 1 mal contrahiert:

165, 2627: *Et tenoit d'ivoire un treçoir.*

*tiroir:* 1 mal contrahiert: III 250, 4: *Ou un tiroir d'uys.*

*eoi* beim Subst. zählt 23 uncontrahierte, 5 contrahierte Fälle.

*eoi* hat also insgesamt 149 uncontrahierte, 14 contrahierte Fälle.

---

Die Summe der Fälle von vortonigem $ę$ + Vokal (no. 7—15) ist demnach: 1281 uncontrahierte gegen 211 contrahierte Fälle (daneben 8 analogische Formen, 31 Bildungen ohne Hiatus (6 mal mit *j*, 18 *g*, 7 *v*) und 78 Fälle ohne Hiatus bei den Verben der *si*-Klasse standen den anderen Conjugationsformen mit Hiatus gegenüber).

Die Gesamtsumme aller Vokalverbindungen (no. 1—15)

ist: 1372 nicht contrahierte, 252 contrahierte Fälle. Froissart's Werke bezeichnen also, wie sich aus den angeführten Belegen ergiebt, die Zeit des Schwankens zwischen verstummten und lautenden Vortonvokalen, zwischen uncontrahierten altfranzösischen und contrahierten neufranz. Formen, jedoch so, dass im allgemeinen des Dichters Sprachformen noch mehr dem älteren Lautstande entsprechen.

Das Verhältnis der einzelnen Lautgruppen in Bezug auf die Contraction ist ein verschiedenes: Das Zusammenstossen zweier gleicher Vokale hat die Contraction begünstigt vgl. *aa*, wo die contrahierten Formen an Zahl schon bedeutend überwiegen (das Verhältnis ist 20 : 9); bei *ee* ähnliches Verhältnis: 38 uncontrahierte zu 30 contrahierten Formen (abgesehen stets von den durch Analogie etc getilgten Fällen des Hiatus).

Ist überhaupt der Vortonvokal *a*, so tritt Contraction häufiger ein (vgl. die Zahlen) als bei gleicher Stellung des $ę$; zu bemerken ist jedoch, dass die Gruppen *ae*, *au* und *aou* (mit nur einer Ausnahme) noch keine Contraction aufweisen. Die 11 Fälle der Contraction des *aō* sind wohl durch die nasalierte Aussprache begünstigt, ebenso bei *aē*. Bei den Verbindungen des protonischen $ę$ mit folgendem Vokal ist (neben dem erwähnten *ee*) zunächst ein Überwiegen der contrahierten Bildungen bei *eou* festzustellen (36 : 16); das Suffix *-atorem*: *-eour*, *-eur* bot diese im Vergleich zu anderen Vokalverbindungen vorgeschrittene Entwickelung, indem es neben 12 Formen auf *e/our* schon 36 neufranzösische durch Analogie zu etymologisch einsilbigem *-eur* aus *-orem [docteur, honneur]* entstandene Formen auf *-eur* hatte.

*eo* war in dem einen vorkommenden Falle noch uncontrahiert.

Bei *eŏ* war Schwund des $ę$ zu constatieren z. T. in *reond*, und immer in den Ableitungen *rondel*, *rondelet*, in denen die Syncope schon früh durch die schwache Betonung in der Vortonsilbe veranlasst wurde.

*ea* hatte die älteren Formen noch bewahrt (mit einer Ausnahme: *age*).

eā bot dagegen öfter Contraction, so in Substantiven und subst. Partic: *crant, crencier, meschant, marchant, marchandise, penance.*

Die Lautgruppe *ei* in den endungsbetonten Perfektformen verharrte noch auf dem altfranz. Standpunkte, Ausnahmen (3) waren: *tu vis, tu fis, vous amissiez.*

In den Infin. *veir, seir, cheir* standen 26 uncontrahierte Formen 11 Contractionen *(vir* und *assir)* gegenüber. In *beneir* und *beneite* war *ei* durchweg contrahiert, dagegen *ei* im Nominalsuffix *-eis* noch stets zweisilbig, wie auch in *abbe/ie, ro/ine* etc.; *meismes* endlich war 23 mal uncontrahiert und 3 mal contrahiert.

Die Verbindung *eu* war im Verb neben dem herrschenden zweisilbigen *e/u* (341 mal) und dialektischen *eu/i* (219 *eu/i*, 4 *o/u*) in zahlreichen Fällen auch schon contrahiert (67 einsilbige *eu*).

Wo beim Nomen in der Gruppe *eu* das *e* stammhaft, *u* zur Endung gehört (in *seur, eur* etc. samt Ableitungen) ist Hiatus ebenfalls am gebräuchlichsten (168 mal), Contraction nur in 3 Fällen. Das Suffix *-atura : -e/ure* lautete schon 8 mal *-ure*, nur 4 mal *e/ure*.

In der Gruppe *eoi* war *beneoit* noch dreisilbig, die Infin. *veoir, seoir, cheoir* fanden sich uncontrahiert 122 mal, contrahiert war nur *voir* in 9 Fällen; im Suffix *-atorium : eoir, oir* endlich standen 23 uncontrahierten auch 5 contrahierte Fälle gegenüber.*)

---

*) Der vorhergehende Abschnitt über das Verhalten der unbetonten Vokale vor lautem Vokal bei Froissart ist schon einmal behandelt in der Dissert. von Winderlich: Die Tilgung des romanischen Hiatus durch Contraction im Französischen. Breslau 1885. Da aber der Verfasser eine grosse Periode untersucht, bietet er im einzelnen nicht die gewünschte Genauigkeit. Bei seinen Angaben über Froissart ist z. B. offenbar falsch, wenn er S. 6: *sur* (z. B.

171, 2856: *Et à Dane qui tant fu dure et sure Contre Phebus.*
III 86, 25: *Sont à l'un sur, à l'autre sade.)*

auffasst als Contraction von *se/ur (securum)*, in welchen beiden Fällen das Wort doch thatsächlich dem ahd. *sûr* (= sauer) entspricht und aus diesem

# C. Finales ę hinter haupttonischem einfachen Vokal oder Diphthong.

## I. Finales ę hinter haupttonischem einfachen Vokal.

Nach Vokalverbindungen geordnet, gebe ich im folgenden die Belege 1) für silbenbildendes ę im Versinnern: dies erleidet bei Froissart keinerlei Veränderung; 2) für das vor vokalischem Anlaut des folgenden Wortes elidierte ę, sowie 3) für das am Versende stehende ę; es geht daraus hervor, dass Froissart die silbenbildenden Endungen (mit ę) nach betontem einfachen Vokal im Innern des Verses mit Hülfe der Elision noch nicht zu vermeiden trachtete. Dies entspricht auch der Zeit und dem Dialekt Froissart's, denn die Neigung zur Unterdrückung des ę, abgesehen von vereinzelten Fällen früherer Zeit, beginnt erst mit Villon (vgl. Hossner S. 27),

---

abzuleiten ist, vgl. Diez: Wb.³ II 432. Das richtige Beispiel der Contraction von se/ur (aus securum) III 33,1082 erwähnt er dagegen nicht, ebenso nicht S. 6 die Contraction: maleureux. S. 10 fehlen mehrere Beisp. für contrah. eustes, eust, deussent, peust, peussent, cognust. S. 19: batailleur, bareteur, menteur, semeur u a. sind ungenannt, jedoch das aufgezählte entreteneur (soll contreteneur heissen) ist nicht durch Contraction entstanden. S. 19 u. 20: tiroir u. paour sind auch bei Froiss. schon contrahiert. S. 20: contrahiertes flan, flannet fehlen. S. 25: ebenso crencier. S. 26: auch einsilbiges vel hat Froissart, auch zu dreisilbigem heaume fehlen die Beispiele. S. 27 vermisst man für contrahiertes empecier, empecemens die vorkommenden 11 Beisp., sowie für prechier. S. 29: musste rançonner erwähnt werden, sowie ra/emplir u. remplir mit 16 Beisp. aus Froiss. etc.

Dass bei dem Übersehen so zahlreicher Beisp. die Verhältniszahlen meist auch nicht stimmen, ist selbstverständlich, z. B. S. 22: ve/oir findet sich bei Froissart nicht „etwa 25 mal" so oft wie voir, sondern kaum 12 mal (104:9); S. 11: Das Verhältnis der contrahierten Formen eu von veu etc. zu den uncontrahierten e/u ist nicht 1:12, sondern 1:50 (3:151 Formen) etc. Bei solchen Mängeln, von denen nur eine Auswahl gegeben ist, war eine nochmalige eingehende Untersuchung nicht überflüssig.

und drang bekanntlich erst allmählich durch (vgl. Tobler Seite 40).*)

1) Finales ę hinter haupttonischem einfachen Vokal im Verbum

a) in der Endung ę ist:

in der Verbindung oę: 2 mal silbebildend: z. B.
    246, 996: *Rose, qui se lo/e de mi.* III 37, 1227.
oę: 4 mal elidiert: z. B.
    II 145, 4892: *C'est bien raisons qu'on l'oe et ait.*
12 mal am Versende: z. B.
    63, 344: *Qui nommée est Attemprance et qui roe.*
eę: 1 mal silbebildend:
    113, 896: *Qu'on m'i vée voie ne porte.*
24 mal am Versende: z. B.
    165, 2650: *Certes, dame, forment m'agrée.*
ię: 41 mal silbebildend, 29 mal Elision, 172 mal am Versende.
uę: 3 mal silbebildend, 9 mal Elision, 31 mal am Versende.

b) in der Endung -ęs:

-éęs: 4 mal am Versende: z. B.
    156, 2358: *Mes sces tu de quoi tu m'effrées.*
ięs: 2 mal silbebildend: z. B.
    III 259, 2515: *Siques n'oubli/es pas ce point.*

c) in der Endung -ęnt:

-oęnt: 3 mal silbebildend: z. B. 265, 1565: *Quant elles o/ent che remort.*
2 mal am Versende: II 166, 137 u. 138.
    *Et qui d'armes volentiers oent*
    *Parler et le mestier en loent.*
eęnt: 2 mal silbebildend, 4 mal am Versende.
ięnt: 40 mal silbebildend, 8 mal am Versende.
uęnt: 5 mal silbebildend.
euęnt: 5 mal silbebildend.

---

*) Zu den Verbindungen des ę mit einfachen Vokalen bei Froissart rechne ich mit Vorbehalt folgende: oę, aę, eę, ię, uę, euę; Diphthonge sind: au, ou, oi, ai, ei, ui, ieu; Triphthong ist eau.

2) Finales ę in Subst., Femin. von Adject. und Part., bei denen dem Tonvokale

a) die Endung -ę folgt:

oę: 18 mal silbebildend: z. B. 56, 100: *La premerainne ro/e qui y loge.*
1 mal elidiert: 58, 192: *La mere roe. ensi m'est il pour voir.*
12 mal am Versende: z. B. 68, 343: *Par la vertu de la seconde roe.*

eę: 71 mal silbebildend: z. B. 12, 365: *En pensé/e lie et joyeuse.*
87 mal elidiert: z. B. 10, 300: *Fausse appellée et esragie.*
531 mal am Versende: z. B. 12, 359 u. 360: *Moult vaut partout vo renommée.*

ię: 186 mal silbebildend, 87 mal elidiert, 650 mal am Versende.

uę: 16 mal silbebildend, 14 mal elidiert, 95 mal am Versende.
euę: 5 mal silbebildend, 1 mal am Versende.

b) die Endung -ęs folgt:

oęs: 2 mal silbebildend: z. B. 70, 604: *Par deus ro/es ceste oevre se parfait.*

eęs: 29 mal silbebildend: z. B. 1, 7: *Pensé/es et merancolies.*
62 mal am Versende: z B. 2, 31 u. 32:
*Je m'endormi en tels pensées*
*Que a vous seront recensées.*

ięs: 40 mal silbebildend, 38 mal am Versende.
uęs: 7 mal silbebildend, 22 mal am Versende.

## II. Finales ę hinter betontem Diphthong
(bezw. Triphthong).

1) In Subst., Adj., Pron.

a) mit der Endung -ę:

oię: 72 mal silbebildend: z. B. 43, 1443: *Joi/e par ti.*
98 mal elidiert: z. B. 3, 66: *De ma joie et de mon tourment.*
152 mal am Versende: z. B. 12, 390: *Ne il ne doit prendre aultre voie.*

*aię:* 23 mal silbebildend: z. B. 46, 1525: *En puist issir a vraie vois.*

16 mal elidiert: z. B. 47, 1577: *Mes aiés vraie obeïssance.*

33 mal am Versende: z. B. 34, 1122: *Car j'ainc, par figure vraie.*

*uię:* 1 mal silbebildend, 2 mal elidiert.

*ieuę:* 1 mal elidiert, 2 mal am Versende.

*eauę:* 2 mal silbebildend, 1 mal elidiert.

(Das Beispiel ist in den 3 Fällen des Triphth. *eau* stets *eaue (aqua)*, das in dieser Form nur im III. Bande auftritt (44, 1469. 44, 1477 u. 1476 (44, 1466: *eauve).* Diesem *eaue* steht im I. u. II. Bande stets das dialektische *aigue* gegenüber. Bd. I: 11 mal (22, 724. 35, 1145. 94, 244. 161, 2507. 257, 1301. 259, 1368. 269, 1718. 282, 2096. 352, 159. 353, 164. 353, 172), in Bd. II *aigue* 13 mal: (38, 1284. 97, 3282. 98. 3293. 136, 4591. 239, 134. 242, 232, 235 u. 243. 329, 11. 330, 23 u. 36. 331, 59.)

b) mit der Endung *-ęs:*

*oięs:* 18 mal silbebildend: z. B. 105, 649: *Né de Troi/es la grant cité.*

10 mal am Versende: z. B. 197, 3750: *Abstenir vous fault toutes voies.*

*aięs:* 4 mal silbebildend.

*ieuęs:* 2 mal silbebildend.

2) Im Praesens des Verbums (dazu auch die Praes. Conj. von *avoir* u. *estre: aie, aies, aient, soie, soies, soient.)*

a) Endung *-ę:*

*oię:* 44 mal silbebildend: z. B. 144, 1963: *Cuidiés vous que je soi/e vuis.*

47 mal elidiert: z. B. 6, 181: *Otroie à mon adversité.*

1 mal ist jedoch *sois* (= *soie*, 1. Person) einsilbig:

II 127, 4287: *Mes que je sois à sa proyere.*

211 mal am Versschluss: z. B. 12, 389: *Trestout ce qu'Amours li envoie.*

1 mal in der Cäsur unberücksichtigt (epische Cäsur): 173, 2909

aię: 31 mal silbebildend, 14 mal elidiert, 67 mal am Versende.

uię: 6 mal am Versende, ieuę 4 mal am Versende.

**b) Endung -ęs:**

oięs: 31 mal silbebildend: z. B. 314, 3165: *Or ne soi/es quois et lentieus.*
3 mal am Versende: z. B. II 174, 418.

aięs: 21 mal silbebildend, 4 mal am Versende.

**c) Endung -ęnt:**

oięnt: 65 mal silbebildend: z. B. 214, 109: *Et ensi doi/ent li bon faire.*
8 mal am Versende: z. B. 16, 505 u. 506: *De douls regars il se convoient.*

aięnt: 27 mal silbebildend, 6 mal am Versende.

**3) Im Imperf. u. Condic. auf -oię, -oięs, -oięnt.**

**a) Endung -oię:**

I. Band: 195 mal silbebildend; 129 mal elidiert; 187 mal am Versschluss, einmal in der epischen Cäsur:
359, 373: *Je me tenroie quatre ans ou trois ou deux).*
In 11 Fällen schon einsilbiges -oi (für -oię):
118, 1076: *Vres Diex, disoi je, c'est assés.*
120, 1151: *Et je, qui de fin coer l'amoi (: à moi).*
238, 802. 280, 2025. 100, 469: *Vous sauroi je de ce*
⌠*respondre.*
108, 726. 128, 1437. 150, 2157. 239, 836. 262, 1462. 268, 1666.

II. Band: 101 mal silbebildend, 66 mal elidiert,
120 mal am Versende.
In 11 Fällen ist -oię zu einsilbigem -oi geworden:
II 28, 936: *Or te cuidoi je plus seür.*
II 35, 1187: *Or seroi je li vostres tous.*
II 68, 2314. II 230, 356. II 231, 401. II 51, 1736. II 52, 1759.
II 62, 2095. II 146, 4906. II 206, 388. II 376, 11.

III. Band: 50 mal silbebildend, 40 mal elidiert,
86 mal am Versschlusse,
1 mal einsilbiges *oi*: III 196, 1929: *Qu'aroy je gaignié se mes gens.*

b) Endung -oięs:

I. Band: 4 mal silbebildend, z. B. 24, 785:
  *Tu perderoi/es ta saison.*
4 mal am Versende, nebst 2 Fällen epischer Cäsur:
  169, 2793: *Morte m'auroies, je le te certefi.* 170, 2802.
Andererseits ist -oięs in Cäsur schon 2 mal zu einsilbigem -ois geworden:
  174, 2931: *Que ne vodrois pour riens ma deshonnour.*
und 171, 2849.
An anderer Versstelle auch 2 mal einsilbig:
  172, 2876: *Se serois tu tous jours en moi enté.* 19, 611.
II. Band: 10 mal silbebildend, 1 mal am Versende, 8 mal einsilbiges -ois:
  II 312, 11: *Oserois tu demander mieuls?* ebenso II 313, 22, 33, 44. II 314, 55 u. 60. II 174, 417. II 29, 972.
III Band: 10 mal silbebildend.

c) Endung -oięnt:

I. Band: 77 mal silbebildend, z. B. 8, 242:
  *Leur abit estoi/ent royal.*
53 mal versschliessend, z. B. 301, 2696 u. 2697:
  *Que tout che qu'il enconteroient.*
1 epische Cäsur: 348, 18:
  *Car la chantoient et marles et mauvis.*
II. Band: 81 mal silbebildend. 32 mal versschliessend.
III. Band: 49 mal silbebildend, 5 mal am Versschlusse.

---

Finales ę hinter betonten Diphthongen zeigt also eine doppelte Entwicklung: im Praesens des Verbs ist es noch durchweg silbebildend wie im Altfranzösischen; auch die betr. Formen von *avoir* u. *estre* sind zweisilbig bis auf eine Ausnahme: II 127, 4287. Ferner sind in den Subst. und Adj., wenn den betr. Diphthongen ein -ę oder -ęs folgt, diese Endungen noch ohne Ausnahme silbebildend. Die Endungen des Imperf. und Condic. -oię und -oięs (-oięnt noch nicht bei Froissart) zeigen dagegen schon früher eine zur Einsilbigkeit fortschreitende Entwicklung, deren Anfänge bei Froissart sich finden. (Zu beachten ist, dass der wahrscheinlich spät entstandene III. Band der Dichtungen durchaus keine Zunahme der contrahierten Formen zeigt, vielmehr einen Rückgang). Zu constatieren ist ferner, dass die einsilbigen Formen sich meist bei Nachstellung des Pronomens finden, nämlich in 30 von 38 überhaupt vorkommenden Fällen: dies erklärt sich dadurch, dass bei nachgestelltem Pronomen das ę in unbetonter Mittelsilbe sich befindet; von den 8 übrigbleibenden einsilbigen *-oi, -ois* entfallen 5 auf Cäsur und nur in 3 Fällen steht das pronominale Subjekt voran, bezw. fehlt überhaupt.

## D. ę hinter nebentonischem und unbetontem einfachen Vokal und Diphthong.

### I. ę hinter nebentonischem und unbetontem einfachen Vokal.

*oę*: in 2 Fällen bildet ę noch Silbe:
  294, 2481: *Mes tant qu'a moi, je lo/eroie.*
  II 317, 27: *Que de Bar et de Lo/errainne.*
1 mal ist ę im letzteren Worte auch schon stumm:
  II 341, 61: *Lorainne y vi en un jupel.*
*eę*: in allen Fällen (17) noch silbebildend: nur im Adv. auf *-é/ement* findet sich diese Verbindung: 5 mal *rieulé/ement*
  z. B. 63, 366: *Ensi se moet rieulé/ement et bien.*
*ordonné/ement:* 3 mal,
  z. B. III 78, 17: *Des balades mis ordené/ement.*
*celé/ement:* 3 mal. *hasté/ement:* 2 mal. *attempré/ement:* 2 mal. *arré/ement:* 1 mal. *nommé/ement:* 1 mal.
*ię*: in 99 Fällen gilt ę als Silbe, in 2 Fällen ist es stumm.
*ię* findet sich im Fut. und Condic. der 1. Konjug. in Verben, deren Stamm vokalisch auslautet: so in 11 Fällen silbebildend, z. B. 9, 264: *Et merci je lor cri/eroie.*
  21, 675: *Tu foli/eras, je te di.*
Aber II 360, 27: *Mes dittes moi, que crirai sus les rens?*

*ię* ferner in Adverbien 81 mal: immer noch mit silbeb. *ę*: *li/ement*: 62 mal z. B. 158, 2418: *Le mireoir li/ement pris.* *hardi/ement*: 7 mal, 5 *joli/ement*, 2 *envoisi/ement*, 1 *deli/ement*, 1 *ouni/ement*, 1 *seri/ement*.

In Substantiven zeigt *ię* 7 mal lautliche Geltung des *ę*: z. B. 237, 748: *Par bon et droit ali/ement.*

*grali/ement*: 1 mal, 1 *detri/ement*, 1 *hardi/eté*, 2 *joli/eté* (gebräuchlicher ist *joliveté*), 1 *mi/enuit*: II 230, 349: *A mi/e nuit je me partoie;* aber auch 1 mal: *minuit*: II 280, 845: *De moi relever à minuit.*

Die Handschrift hat *mie nuit,* des Versmasses wegen setzt Scheler *minuit* in den Text. Zu *minuit* vgl. K. Armbruster: Geschlechtswechsel im Französ. Karlsruhe 1888 S. 138.

*eu/ę* findet sich 2 mal zweisilbig im Fut. (bezw. Cond.) des Verbs *alleuer*: II 225, 189. II 234, 476.

*uę*: im Adv. 2 mal zweisilbig: 354, 197: *Ançois li dis assés pourvu/ement.* III 20, 656.

Von Subst. kommt *arguement* in Betracht, das 8 mal viersilbig, woneben in 5 Fällen dreisilbiges *argument (argumentum)* erscheint. (Im III. Bande nur ersteres, im II. Bande nur letzteres):

III 138, 1370: *Nos argu/emens esliront.*
III 138, 1373. III 150, 2. III 239, 25. III 260, 2567. III 262, 2686. III 270, 2897. III 278, 3123.

*argumens*: II 241, 186: *Or est dont li argumens faus.* II 7, 194. II 245, 326. II 346, 3. II 408, 16.

Ferner: *une esculée* für *escuelée*: II 345, 47.

*ę* hinter unbetontem einfachen Vokal schwindet also schon zuweilen (8 Fälle konnten angeführt werden, alle aus dem II. Bande). Der Meinung Hossners S. 41, die Verstummung des *ę* zeige sich zuerst in den Adverbien auf *-ment* ist also nicht beizustimmen, wenigstens nicht für Froissart, denn aus den Belegen geht hervor, dass gerade diese betr. Adverbien noch in allen (99) Fällen das lautende *ę* erhalten haben, während Substantive wie *esculée* (1), *Lorainne* (1) und die Futurform *cri(e)rai* das *ę* schon haben verstummen lassen.

## II ę hinter nebentonischem und unbetontem Diphthong.

*ouę : ouę* ist noch zweisilbig in:
II 329, 10: *Et se croi qui y fou/eroit*.
Einsilbig gebraucht ist die Verbindung:
II 224, 127: *Je t'esboulerai, crapaudeaus*.
(= *esbou(e)lerai*, von *botellus* abgeleitet).
*oię : oię* ist zweisilbig im Fut:
III 7, 211: *J'envoi/eray Doulce Pensée*.
Ebenso im Adverb: *quoi/ement* in 7 Fällen:
z. B. 225, 481: *Au plus quoi/ement que je peus*.
119,1101. 188,3443. 231,679. 249,1066. 337,3745. III 26,855.
Ebenfalls im Subst. *donoi/ement* 188, 3442:
*Quant je vi le donoi/ement*.
*armoierie* schwankt: zweimal fünfsilbig:
300, 2692: *Armoi/erie noble et rice*. II 324, 9.
2 mal viersilbiges *armoirie:*
II 325, 53: *Vé les ci d'armoirie ciere*.
II 326, 68: *De l'armoirie la maniere*.

*aię : aię*, das am längsten von allen Verbindungen zweisilbig sich erhielt, ist demgemäss bei Froissart noch stets so behandelt in 53 vorkommenden Fällen:
Im Futurum: III 122, 803: *Par couplettes essai/eray*.
Im Adverb *vrai/ement* in 40 Fällen:
z. B. 183, 3251: *Vrai/ement je passai par ci*.
In Subst: *paiement* (7 mal), z. B. II 410, 19:
*Or li suppli qu'il prende en pai/ement*.
*delai/ement:* II 267, 161.
In *pre/orie* in 4 Fällen:
II 308, 2: *En une belle pre/orie*. II 97, 3274. II 321, 4. II 30, 1019.
*uię:* in *escuirie* ist das *ę* schon geschwunden:
III 66, 439: *De nostre escuirie, pour tant*.

Hinter nebentonischem und unbetontem Diphthong zeigt *ę* bei unserem Autor ebenfalls, entgegen der Vermutung Hossners, nicht im Adverb zuerst Verstummung, denn in den 47 vorkommenden Fällen ist das *ę* noch syllabisch. Dagegen weisen die Substantive auf -*erie* schon kürzere Formen auf: neben 2 Fälle von fünfsilbigem *armoi/erie* tritt schon 2 mal viersilbiges *armoirie*, ebenso ist *escuirie* viersilbig. Schwund des *e* im Futurum erlaubt sich Froissart in einem Falle: *esboulerai*. Die Verwendung der kürzeren Formen mit verstummtem *e* geschieht ausnahmsweise, nur spärliche Anfänge des später durchdringenden Gebrauches begegnen. Regel ist für Froissart beim nebentonischen und unbetonten Diphthongen wie beim einfachen Vokal + *e* noch die silbebildende Geltung des *e*.

## E. *e* inlautend zwischen Konsonanten.

Es sind Doppelformen eines und desselben Wortes zu erwähnen, die, je nachdem es die Silbenzahl im Verse erfordert, bald in längerer, bald in kürzerer Form auftreten.

### 1) Bei Substantiven:

*durté*: 196, 3701. 220, 296. 7, 184. 7, 215. II 18, 586. II 73, 2501. II 330, 29. III 93, 6.

*dureté*: 46, 1550: *En duretés et en dolours*. 6, 169.

*seürté*: III 34, 1126. III 35, 1163. 65, 439. *seüreté*: 212, 26. III 87, 17. III 221, 3.

*clarté*: 117, 1033. 163, 2577. II 26, 874. III 78, 18. III 150, 10 u. 12. III 239, 18.

*clareté*: II 230, 361: *Que nulle clareté poet estre*.

*parçon*: III 93, 24 (auch *parchonniers* II 184, 768. *parçonniere*: 252, 1171 u. 1181).

*pareçon*: 253, 1194.

*charton*: III 250, 5. III 251, 18. *chareton*: 346, Z. 1. III 250, 1.

*fierté*: II 49, 1662. III 100, 27. III 141, 1462. III 267, 2771. *fiereté*: II 201, 242.

*purté*: III 57, 156 u. III 150, 12. *pureté*: II 364, 38.

*serment*: III 66, 453 u. 459. III 69, 545. III 89, 1. III 91, 1. III 133, 1180. III 141, 1459. III 208, 2325. III 261, 2591. *serement*: 274, 1883.

*esperit:* stets so, mit einer Ausnahme: III 199, 10: *espris.* III 268, 2814: *C'est le Saint Esprit, qui en cure.* Die Handschrift hat freilich auch *esperit*, und wir können dies gegen Schelers Lesart beibehalten, indem wir *qui en* durch Verschleifung einsilbig lesen, was bei *qui* einige Male vorkommt (u. zwar auch nur im III. Bande, vgl. Elision).

Andere Wörter, die sonst auch zwei Gestaltungen zeigen, weisen bei Froissart nur eine Form auf: *souspeçon, guerredon* (ebenso stets *guerredonner*), *chierté, obscurté, debonnaireté, verité, darreniers, vrai, souverain* etc.

2) Im Verbum:

Im Futurum mancher Verba ist neben den ursprünglichen Bildungen ohne *e* häufig ein *e* nach *v* und Dentalen eingeschoben und bildet dann stets Silbe bei Froissart; es erklärt sich durch den Einfluss des folgenden *r*, welches Svarabhakti veranlasste, auch mag analogischer Einfluss der häufigen Futura der *a*-Konjugation (auf *erai*) mitgewirkt haben (vgl. Koschwitz: Zeitschr. f. rom. Phil. II. 482).

a) *vr: devoir* (19 Fälle): II 113, 3800: *Il deveroit bien besongnier.* 45, 1493. 120, 1164. 212, 33. 351, 96. II 5, 157. II 29, 963. II 35, 1178. II 323, 62. II 401, 12. II 417, 10. III 121, 21. III 131, 1141. III 269, 2857. II 174, 411: *deveras.* II 191, 1026: *deveront.* II 370, 2: *deveroie.* II 29, 972: *deverois.* II 124, 4190: *deveriés.*

*avoir:* 110, 805: *Que ses escondis averoie.* II 197, 104. II 210, 38: *averai.* II 244, 289 u. II 332, 26: *avera.* II 352, 35: *averons.* II 245, 323: *averont.*

*mouvoir:* II 7, 223: *Tu m'esmouveras en grant ire.* 59, 226: *s'esmouveroit.* 61, 276: *mouveroit.*

*recevoir* u. *concevoir:* II 179, 581: *rechevera.* 294, 2465 u. 321, 3385: *receverés.* II 361, 16: *conceveroit.*

*boire:* II 330, 43: *buveras.* II 329, 15: *buveront.*

*poursuivre:* 350, 61: *poursieveroie.* *vivre:* 360, 418: *viverés.*

b) *ndr. prendre:* 81, 1029: *Il le prendera bien en gré.* 90, 96. 157, 2375. 201, 3883. 240, 868: *prenderai.* II 351, 21:

*prenderons.* II 8, 229: *prenderont.* 111, 859: *prenderés.* 228, 573 u. II 278, 47: *prenderoie.* II 68, 2322: *aprenderiés.*
*répondre:* II 245, 324: *Je croi qu'il en responderont.* II 129, 4375: *responderés.* II 374, 13: *responderoie.* II 240, 162: *responderoit.*
*rendre:* II 147, 4939: *Qui en rendera la sentensce.* II 73, 2477. II 68, 2323: *renderiés.*
*éteindre:* 146, 2032: *Et lors le soif estainderai.* II 255, 293: *estindera.*
*plaindre:* II 103, 3493: *Que je ne m'en plainderai point.* II 2, 29: *plainderoit.*
*oindre:* 267, 1642: *De quoi il m'oinderont le barbe.*
*tendre:* 312, 3083: *Tenderont las, rois et fillieres.*

c) *rdr : perdre:* II 52, 1749: *Je perderoie ma saison.* II 108, 3658. 110, 806. 21, 698: *perderai.* 24, 785: *perderoies.* 315, 3190: *perderiés.* II 201, 232: *perderoient.*

d) *tr : mettre:* II 394, 26: *Tout metterai en noncaloir.* 122, 1218. 307, 2939. II 21, 679. und II 278, 61: *mettera.* II 307, 46: *metterons.* II 133, 4513 und II 419, 3: *metterés.* 228, 577: *metteroie.* II 63, 2148 und 2149 und II 122, 4125: *metteroit.*

e) *(s)tr : connaître:* II 312, 64: *Je recognisterai bien ceauls.* 62, 329: *cognistera.* II 309, 43: *cognisteroit.*

Wie aus den Zahlen ersichtlich ist, bildet der III. Band gegen den I. und II. Band einen Gegensatz, da sich in ersterem nur 4 derartige Futurformen (von *devoir*) finden, alle anderen Beispiele entfallen auf den I. und II. Band. —

In einem Verbum bestehen in allen endungsbetonten Formen Doppelformen: *couroucier* und *courcier*.

Der I. und II. Band weisen nur *couroucier* auf:
19, 601: *Je ne sçai se l'ai couroucié.* 124, 1299. 221, 332. II 322, 16. II 392, 22. II 393, 14. II 421, 24.

Dagegen im III. Bande nur *courcier:*
III 269, 2848: *Sans vous courcier à Congnoissance.* III 96, 10. III 97, 13. III 136, 1289.

III 271, 2919: *courciez.* III 258, 2501.

3) **Doppelformen bei Adverbien, Praepositionen und Conjunctionen.**

*or* begegnet in allen Dichtungen am häufigsten, daneben weniger oft (nur in Bd. I u. II) *ores*, selten *ore*. (Verhältnis: 30 : 2 : 1).

*encor, encores, encore* (Verh: 7 : 8 : 2). *encores* ist im III. Bande nicht anzutreffen, dafür um so mehr die nfrz. Form *encore*.

*com* und *comme* (Verh: 3 : 1), in den ersten beiden Bänden ist *com* die gewöhnliche Form, in Bd. III herrscht das nfrz. *comme*.

*certes* ist immer angewendet, mit einer Ausnahme: *certe* 150, 2144 *(à certe : perverte).*

*arriere* und *arrier* (Verh: 6 : 1).

*derriere* und *derrier* (Verh: 8 : 1).

*voir, voire* und *voires*, letztere Form nicht in Bd. III, (Verh: 8 : 1 : 1).

*onques, onque, onc:* ersteres fast ausschliesslich gebraucht, *onque* und *onc* nur wenige Male. In Bd. I u. II findet sich nur *onques* (und 1 mal *onque).*

*donc* und *donques* (Verh: 20 : 1).

*adont* und *adonques* (Verh: 7 : 1).

*illoec* und *illoecques* (Verh: 12 : 1).

*avec* und *avecques* (Verh: 7 : 1), auch *avecque* findet sich 1 mal: III 49, 1668.

*jusqu'à (en* etc.) und *jusques à (en* etc.), (Verh: 2 : 1).

*sique* und *siques*, (Verh: 2 : 1).

4) **Doppelformen bei Eigennamen.**

Die Behandlung der Eigennamen ist eine verschiedenartige, neben der franzisierenden Tendenz huldigt der Dichter auch der latinisierenden Richtung, d. h. er behält lat. Eigennamen unverändert bei mit der lat. Endung des Nom., wie auch zuweilen des Genitivs. So erscheint ein Name häufig in zwei- und dreifacher Gestalt mit verschiedener Silbenzahl, deren Anwendung dem Bedürfnisse des Metrums entsprechend, wechselt.

Beispiele: *Mercuri/us:* 98, 399. 99, 426. 271, 1774. II 47, 1600. II 212, 87. II 213, 132. III 244, 9 etc. *Mercuri/i:* II 371, 14. *Mercures:* 100, 473. 102, 522 u. 525. *Mercure:* III 245, 25. III 267, 2780. III 268, 2813. *Ovide:* II 100, 3369. II 371, 17. *Ovides:* 134, 1637. 138, 1762. 166, 2666. 257, 1297. 277, 1991. III 142, 1488. *Pri/ant:* 30, 975. II 19, 627. II 99, 3336. II 386, 2 u. 22. *Pri/amon:* II 266, 116. *Phebus:* III 250, 8, 16 u. 24. *Phebon:* III 250, 10. *Leander:* II 389, 3. *Leandon:* 170, 2825. *Hene/as:* II 372, 28. *Pegason* (nfrz. Pegase): II 369, 15. *Apolinis:* II 19, 632. *Pheton:* II 372, 1 (nfrz. *Pha/éton*). *Aristotle:* II 100, 3370. *Aristote:* III 176, 14. *Vregille:* II 100, 3370. II 369, 8. *Virgille:* III 176, 13. *Alixandre:* 212, 44. *Alixandres:* 212, 51. *Juli/us Cesar:* III 142, 1483. *Julle Cesar:* II 183, 733. *Artus:* III 141, 1473. *Artu:* III 142, 1493. *Ysa/ye, Iheremie, Helye:* II 156, 5252. *Y/o:* III 245, 2. III 267, 2769. *Yolent:* II 349, 25. II 327, 17. *Tro/illus:* 29, 974. *Jo/acins:* II 361, 4. *Bru/idis:* II 370, 17. *Saint Mars et Saint Lus:* II 24, 807. II 422, 23. III 93, 5: *maistre Lucas. Leucote:* 271, 1763 (nfrz. *Leucothée*). *Aise:* III 140, 1430, 1441 (nfrz. *Asie*). *Ethyope:* 274, 1870 (nfrz. *Ethyopie*). *Osteriche:* 150, 2156. 239, 812. II 324, 14 u. *Hongerie:* II 324, 25 haben nfrz. eine Silbe weniger. *Surlant (= Sutherland):* II 12, 369. *Fi (= Fife):* II 12, 369. *Europe* (ohne Diärese, wie sonst wohl altfrz.): III 140, 1429 u. 1431. Diärese findet sich besonders in der Endung *-eüs, -eï: Orpheüs:* 34, 1139. 51, 1712. II 94, 3164, 3167 ff. II 369, 3. III 71, 618. III 72, 625. *Morpheüs:* 51, 1699 u. 1718. 176, 3020. II 62, 2125, 2128 ff. II 384, 10. III 71, 617 u. 621. *Pynoteüs:* 257, 1298. 258, 1316 etc. *Oleüs (= Eolus):* II 370, 15 u. 19. *Escheüs:* II 95, 3218. *Cepheüs:* II 95, 3216. II 96, 3233. *Cepheï:* II 211, 70. II 212, 92. II 345, 57. *Peneï:* 137, 1718. *Moyses:* II 142, 4785. II 362, 31, aber dreisilbig: *Mo/yses:* II 362, 48. *Moïsi* zweisilbig: 211, 10. II 159, 5372. II 171, 331.*)

---

*) In Bezug auf die Doppelformen, die zur Zeit Froissart's von den mit dem Adverbialsuffix *-ment* gebildeten Adverbien einformiger Adjective im Gebrauche sind, z. B. die organische Bildung *gramment* neben der Neu-

## F. ę vor aspiriertem *h*.

German. *h* ist stets aspiriert und ist den Konsonanten gleichgestellt in Bezug auf die Nichtelidierung eines vorangehenden *ę*. Beispiele: 41, 1369: *fole/hastiveté*. II 101, 3394: *me/hastés*. 187, 3399: *herbergier*. 101, 477: *haine*. III 28, 914: *haïr*. II 171, 309: *haces*. II 94, 3168 u. 3174: *harpe*. II 333, 40: *here*. II 400, 9: *honte*. II 3, 83: *hontioie*. 34, 1136: *haie*. II 195, 37: *haiette*. 281, 2061: *hardi*. 360, 415: *hardement*. 92, 193: *hociés*. 259, 1369: *hanaps*. II 315, 23: *houce*. III 166, 24: *hote*. III 177, 11: *herte*. II 377, 21: *hustin*. 151, 2174: *hustine*. II 306, 12 u. 24 etc: *houpelande*. II 345, 38: *hours* (nfrz. *houx*). III 157, 18: *houpe* etc.

German. Eigennamen:

II 317, 28: *de/Hainau* und II 335, 42. II 324, 20: *Bourgongne,/Haynau*. II 286, 52: *conte/Haynnuier*. II 9, 263: *dc/Herfort*.

Bei folgenden romanischen Wörtern, die ein aspiriertes *h* annahmen, ist keine Elision eingetreten: bei *haut* und dessen Ableitungen: II 125, 4212: *de/haulte heure*. II 225, 169: *la/haute Gascongne*. III 13, 414. III 187, 1632. 10, 304: *me/hauça* etc. *huit*: III 54, 57: *de/huit tours*. 4, 109: *mettre/hors*. III 52, 4. II 6, 165. II 413, 17. 262, 1454 etc. II 313, 40: *sa/holette* und II 350, 67: *faire/holette*. *hanter*: 187, 3380: *je/hantoie*. III 41, 1367: *je/hanteroie*.

Das Subst. *hantise* aber schwankt bei Froissart zwischen Elision und Hiatus eines voraufgehenden *ę* (bezw. *a)*: II

---

bildung *grandement, diligamment* neben *diligentement* etc., ist zu vergleichen die Dissert. von Plathe: Entwickelungsgeschichte der einformigen Adj. im Französischen. Greifswald 1886 In dieser Arbeit ist das Verhalten Froissart's in Bezug auf die Adverbialdoppelformen ausführlich dargelegt, weshalb ich darauf verweise. Zu berichtigen ist nur auf S. 33, dass „einmal *briefement* gegen sonst nur gebräuchliches *briefment*" bei unserem Dichter vorkommen soll. Der betr. Vers: II 120, 4063:

  Se brief(e)ment ne me remet
  Ou point ou Amours me tire

ist ein 7 Silbler, wie alle übrigen des Virelais, *briefement* daher in *briefment* zu emendieren.

132, 4470: *ma/hantise*; aber III 188, 1648: *honnourable_hantise* und III 222, 7: *l'antise*. (Scheler im Glossar III 361 stellt deshalb als Etymon auf: *ambitare*, Frequentativ von *ambire*). Die Interjection *hé* hat stummes *h*: 151, 2183: *Ma dame_hé mi! dont je recueil.* II 254, 271. II 7, 214. Auch das Compositum *hélas* hat, wie noch heute, ein stummes *h*: III 128, 1010: *Si bien que je feroie_hélas*. Dagegen haben zwei griechische Eigennamen aspiriertes *h*, welche Sachs im Wörterbuch für die heutige Sprache mit stummem *h* verzeichnet: 98, 374: *Les tenebres de/Hesperus*.

II 370, 11: *Pres d'Albidos siet de/Helles la mer*. Die Aussprache der mit *h* beginnenden griech. Eigennamen war überhaupt schwankend im Französischen des Mittelalters, vgl. die Grammatikerzeugnisse bei Thurot II 404.

## G. Inclination.

a) Inclinationen der Präpositionen *de* und *a* mit dem Artikel: *dou* ist nur im I. und II. Bande vertreten z. B. 10, 298. 12, 374. 25, 818. 30, 1003. 53, 11. 56, 122) neben weniger häufigem *du* (z. B. 13, 413); in Bd. III dagegen nur *du* (z. B. III 31, 1027. III 34, 1134. III 41, 1361. III 54, 51, 53 u. 54. III 63, 355).

*des*: 8, 233. 17, 549. 25, 833. 26, 843 etc.

*au*: 1, 8. 2, 25. 4, 92. 10, 288. 14, 440 u. 446. 15, 468 etc.

*aux*: 2, 47. 91, 149 u. 159. 92, 177. 93, 206, 209, 221, 225, 226, 227 u. 228. 94, 239, 241 u. 259. 100, 465 etc. Neben *aux* auch *as* (in Bd. I): 161, 2516. 217, 196 u. 210. 221, 336. 224, 435. 231, 674. 240, 879. 249, 1055. 252, 1179. 258, 1313 etc.

b) Praeposition *en* + Artikel:

*el*: 131, 1528. 136, 1692. 8, 251: *Ens el clos et ens ou vregié*. Dieses dialektische *ou* (vgl. Scheler, Note zu 8, 251) ist fast allein im Gebrauch für *el*: z. B. 15, 492. 18, 582. 28, 919. 49, 1623. 80, 941 u. 951. 85, 1111 etc.

Plur. *es* ebenfalls sehr häufig: z. B. 96, 321. 214, 100. 239, 826. 251, 1124. II 66, 2251. II 215, 178. II 364, 53. II 383, 16. III 12, 373. III 41, 1359. III 267, 2775.

Gengnagel (Kürzung der Pronomina hinter vokalischem Auslaut. Halle 1882, Dissert.) hält fürs XIV. Jahrhundert und für Froissart's Werke die Zusammenziehung der Pronomina für ausser Gebrauch gekommen. Dieses Ergebnis ist nicht ganz genau, der Verf. hat nur den I. Band der Dichtungen untersucht, und folgende eigentümliche Zusammensammenziehung zweier Pronomina wäre noch zu erwähnen gewesen:

> 191, 3517: *Et puis le mes faisoit baisier.*
> 231, 681: *Moult y pensai, et pense encor,*
> *Qui le mes pooit envoyer.*
> 319, 3311: *Qui ne sont pas a toutes gens* [Z. 14 u. 18.
> *Trop commun, mes il le mes glose.* 340,

Foerster im Aiol S. 495 zu V. 10223 giebt eine Erklärung dieser auffälligen, auch sonst vorkommenden Verbindung *le mes*, für die ja einfaches *les me* stehen sollte, auf satzphonetischem Wege.

Scheler hat dann im III. Bande in zwei Versen, um das Versmass richtig zu stellen, die Formen mit Inclination *nel* u. *jel* in den Text gesetzt, obwohl die Handschrift die offenen Formen *ne/le* u. *je/le* bietet; da sonst in den 35 000 Versen Froissart's (ausser dem obigen *mes*) solche inclinierte Formen nicht mehr zu finden sind, so sind diese Besserungen nicht gutzuheissen:

> III 151, 24: *Et a la fois m'est si paisible*
> *Que nel pourroie pour cent mars*
> *D'or eslongier* etc.

Es ist hier für *pour* wohl *à* einzusetzen:

> *Que ne le pourroie à cent mars*
> *D'or eslongier.*

> III 260, 2548: *Tres chiers sires, jel vous delivre.*

Hier kann das *tres* am Anfange fallen, oder durch Einsetzung des Simplex *livre* für *delivre* der Vers gebessert werden.

#### Kapitel II.
## I. Hiatus und Elision.
### 1) Bei einsilbigen Wörtern.

a) Die Elision des auslautenden Vokals vor vokalischem Anlaute des folgenden Wortes ist obligatorisch:

Bei *la* (Artikel und Pronomen) findet stets Elision bei Froissart statt. Bei *ma, ta, sa,* zeigt sich neben der Elision auch der neufranz. Gebrauch der Einsetzung von *mon, ton, son,* vor folgendem Vokal: \*)

*ma* ist elidiert 15 mal\*\*) (z. B. 11, 322: *m'ame.* 54, 29: *m'entente.* 75, 780: *m'aventure*).

*mon* für *ma:* 4 mal (6, 181. 65, 429. 53, 3. 85, 1138).

*ton* für *ta:* 1 mal: 19, 610: *ton ignorance.*

*sa* elidiert 5 mal (z. B. 23, 747. 57, 145. 66, 473).

*son* für *sa:* 6 mal (z. B. 28, 934. 67, 481: *son entente*).

Ferner elidieren stets *le* (Artikel), *ne* (lat. *non*) und *de;* (über Ausnahmefälle in wahrscheinlich verderbten Versen s. später); endlich *me, te, se, le* (Pron.), wenn sie dem Verbum vorangehen. Stehen letztere hinter dem Verbum, so ist Elision facultativ; bei Froissart ist sie jedoch auch in diesem Falle immer vollzogen:

*me:* in 5 Fällen: 156, 2336: *Mes je t'en pri, escri me ou livre.* II 31, 1041: *laissiés me aler.* II 406, 19: *donnés me un seul solaire.* II 326, 67. II 422, 13.

*le:* in 9 Fällen: 111, 830: *Escrisiés le ensi sur ma lame.* 116, 998: *Laissiés le elle est en bonnes mains.* 251, 1119 u. 1148. 292, 2397. II 147, 4951. II 297, 179. III 4, 96. III 237, 11.

b) Die Elision ist facultativ:

*te* ist das eine Mal, wo es dialektisch für *tu* steht, elidiert: II 217, 40: *Ta part en as te en ton musel.*

---

\*) Es genügt hierbei, die Verhältniszahlen anzugeben aus den ersten 100 Seiten des I. Bandes; jedoch Ausnahmen anderer Stellen werden verzeichnet.

\*\*) Unberücksichtigt, weil zweifelhaft, sind bei diesen Zahlen doppelgeschlechtige Subst. geblieben, von denen aber z. B. *amour* häufig vorkommt.

*qui* als Frage- u. Relativpronomen ist nicht elidiert: z. B. 15, 481. 17, 544. 18, 584. 20, 645 u. 650. 22, 731. 24, 782.
Hierzu liefert Band III jedoch Ausnahmen:
III 58, 200: *Vostre belle seur amenée.*
*Qu'ains ne meffist à ame née.*
III 213, 17: *Toute chose qu'est en peril.*
Die Handschrift hat hier *qui est.*
III 262, 2624: *Un amant qu'ainsi le feroit.*
III 268, 2814: *C'est le Saint Esperit, qui en cure.*
(vgl. S. 48).

Aus diesen Einzelergebnissen erhellt im allgemeinen, dass der Gebrauch der Elision überwiegt, die Formen mit Hiatus dagegen nur noch als Reste einer früher allgemeineren Verwendung sich finden. Häufiger sind die Hiatusformen nur noch bei *ne* (lat. *nec*), beim Artikel *li* (nur im I. Bande), sowie bei *qui*, dem neufranz. Gebrauche entsprechend; *se* (lat. *sic*) war ziemlich gleich häufig elidiert wie im Hiatus befindlich. Dass die Zahlenverhältnisse der einzelnen Wörter in den verschiedenen Dichtungen nicht immer die gleichen bleiben, sondern dass der Dichter im Laufe der Zeit den elidierten neufranz. Formen mehr und mehr sich zuwendet, diese Erscheinung war nachweisbar besonders bei *se* (lat. *si*), *je* und Artikel *li* (Nom. Sing.).

### 2) Hiatus bei mehrsilbigen Wörtern.

#### a) Im zehnsilbigen Verse.

Im zehnsilbigen Verse finden sich 9 Hiatusfälle. *)

1) a. II 361, 13: *Ensi Amours aux amoureus aprent*
   *Que la viergne / estoit sainteﬁie.*
   b. II 361, 16: *Prophetisié fu et dit d'Isaïe*
   *Que la viergne / un fil conceveroit.*
2) III 255, 16: *Pesimoinne, / ilz la firent ochir.*
3) III 103, 5: *Que demande / en françois gracieux.*

---

*) Die angeführten Beispiele sind nach den Konsonantengruppen geordnet, die dem ę voraufgehen.

4) a. II 142, 4799: *Et ma dame / euist la cognoissance.*
   b. II 362, 38: *A la Cene / au joedi bene/oit.*
   c. II 373, 12: *De moi moustrer le doulc viaire fres*
   *De ma dame / et son contenement.*
   d. II 406, 9: *Mes que m'ayés en vostre souvenance,*
   *Chiere dame, / a qui j'ai tout donné.*
   e. II 407, 6: *A l'aïmant puis vo coer comparer,*
   *Chiere dame, / et vos yex au faucon.*

   Ausserdem sei hier genannt:
5) *de* im Hiatus:
   II 354, 26: *De / obeïr a si tres noble attente.*

Mit Ausnahme des letzten Verses haben die genannten 9 Zehnsilbler den Hiatus in der Cäsur. Es zeigt sich nun, dass in allen einzelnen Satzperioden nach dem mit unelidiertem *e* schliessenden Worte eine Satzpause eintritt; letztere aber ist an sich geeignet, den Hiatus zu mildern, wenn nicht ganz aufzuheben. In 1a) und b), 3) und 4a) fällt die Cäsur- und Satzpause unmittelbar nach dem Subjekt des Satzes (vgl. W. Heune: Die Cäsur im Mittelfranzösischen. Greifswald. Diss. 1886. S. 67). In No. 2) ist ein invertierter Satz zu erkennen: *Pesimoinne* ist Objekt, das durch das folgende *la* wieder aufgenommen wird; nach dem invertierten Satzteile, also hier *pesimoinne*, tritt eine Pause ein, (vgl. Heune S. 64). In 4b) werden zwei coordinierte Umstandsbestimmungen durch eine Satzpause getrennt; in 4c) besteht eine Satzpause nach adnominaler Bestimmung des ersten Objekts und vor dem zweiten näheren Objekte. In 4d) und e) fällt eine Satzpause nach der Anrede. No. 5), wo *de* im Hiatus steht, vermag ich nicht zu bessern.

### b) Im achtsilbigen Verse.

1)   II 156, 5244: *Conquis, viergne, / et dignement.*
2) a. III 120, 19: *Et tout ne vaille / un denier.*
   b. III 173, 4: *... est au dessus*
   *D'elle, / et la tient en servage.*
   c. III 192, 1780: *Si belle, / en fais et en dis.*

d. III 198, 2004: *Or me di tout fiablement*
*Quelle / office aimablement*
*As tu en cuer et en penser.*
e. III 258, 2492: *Se je / erre / aucunement.*
f. III 131, 1133: *Si bien ferme / en union.*
3) a. II 308, 1: *Entre / Eltem et Wesmoustier.*)
b. III 224, 17: *Qui dit: C'est umbre / en espasse.*
4) a. II 367, 8: *Qui n'a plaisance, / il n'a riens*, wiederholt: II 368, 16 u. 24.
b. III 129, 1045: *Si emprainte, / au dire voir.*
c. III 142, 1498: *Que quant un prince / ou un roy.*
d. III 180, 12: *Un prince / ameroit princesse.*
e. III 180, 14: *Un conte / ameroit contesse.*
f. III 245, 16: *Toute / habundance à Venus.*
5) a. 141, 1862: *Pour quele chose / il tressault.*
b. III 43, 1456: *Qu'on le pooit lire, / affin*
*Qu'amans soient tous diligens.*
c. III 84, 26: *Feïssons une / aliance.*
d. III 269, 2862: *Tres chiers sire, / a vous n'en tient.*

Ausserdem: 6) Hiatus bei *me, de* u. verderbte Verse:
a. 115, 979: *Souvent me mettoie au devant*
*De / elle; car quant le veoie.*
b. III 210, 2374: *Mais ains de / une heure passée.*
c. III 212, 9: *L'omme, qui ara de / Esclude.*
d. III 261, 2586: *C'est celle par qui tu me poins,*
*Et par la mienne tu me / oins.*
e. III 175, 1: *Je vous prie, / alons parmy*
*Le droit d'Amours et de Nature.*
f. III 149, 25: *Elle dit qu'elle esprouvera*
*Son sens; qui en vouldra*
*Preuves, elle le prouvera.*

Der vorletzte, von Scheler unerwähnt gelassene sechssilbige Vers zwischen den übrigen Achtsilblern muss jedenfalls durch *avoir* am Schlusse vervollständigt werden; hiermit passt

---

*) Bartsch (Rom. u. Past. S. 323, wo diese Pastourelle abgedruckt ist), ändert nichts au diesem Verse.

der Vers auch in das Reimschema der Ballade (: *d'avoir*). III 117, 14: *Encore pourroit il estre ainsi;* hierin ist das End -*e* von *encore* zu streichen, um den Vers korrekt zu machen.

Satzpausen sind bei den vorhergehenden Versen anzunehmen in 1), 2b), 2c), 2e), 2f), 4a), 4b), 5a) 5b).

In 2a) scheint Elision nicht eingetreten zu sein, um die stärkere Hervorhebung des *un*, das hier Zahlwort ist, durch Elision nicht abzuschwächen, ebenso in 6b).

2d): auch hier ist vielleicht der Hiatus beabsichtigt, um dem Frageworte *quelle* durch Tonverstärkung und Zweisilbigkeit der Aussprache Nachdruck zu verleihen.

In 3a) ist Elision wegen des ausländischen Namens nicht vollzogen; in 6c) ebenso, doch ist hierbei auch möglich, dass anstatt des entstellten Eigennamens *Esclude* die Froissart's Sprachgebrauch mehr entsprechende Form *Eüclide* gelesen werde (vgl. die oft vorkommenden *Orpheüs, Morpheüs, Cepheüs* etc.)

In 4c) ist für *un prince* als Nom. *uns princes* einzusetzen; derselbe Fehler im Reimworte *roy*, [in *rois* zu verbessern (:*fois*)] zeigt dies klar. In 4d) ist ebenfalls *uns princes* zu setzen.

In 4e) ist in ungenauer, aber bei Froissart üblicher Deklinationsweise als Nom. *uns contes* einzusetzen, (dasselbe z. B. 222, 375: *li contes*, II 230, 365. II 231, 368. II 231, 379).

In 3) kann man bessernd schreiben: *Ce/est*, wie in

5b): *Que/on* (oder Satzpause); in 5d) kann *sires* eingesetzt werden; in 6a) ist wohl *je* einzuschieben: *car quant je le veoie*.

In 6d) ist der Hiatus kaum dadurch zu erklären, dass dieser Vers zum vorangehenden einen Sinnesgegensatz bildet, und dass der Dichter durch das vorangehende *me poins* veranlasst wurde, auch *me oins* unelidiert zu lassen.

In 6e) liegt allerdings zwischen den beiden hiatusbildenden Wörtern eine Satzpause; ein nach *alons* eingeschobenes *en* stellt die richtige Silbenzahl her.

4f): Der Vers ist wahrscheinlich verderbt (vgl. Schelers Anmerkung); oder wurde das in der Schrift vorhandene *h* in *habundance* als Spiritus asper gesprochen? Vgl. die zahlreichen Schreibungen *habonde, habandonner, habandon* etc. 5c) vermag ich nicht zu bessern.

Wenn ich für manche der berührten Verse, in denen der Hiatus zu erklären versucht wurde, annehme, dass sie dem Original schon angehört haben, so lassen sich Belege eines derartigen Hiatus auch noch aus anderen Dichtern der späteren Zeit beibringen, so vgl. Bartsch: (Zs. f. rom. Ph., II 476 Recens. von Scheler's Trouvères belges du XII$^e$ au XIV$^e$ siècle, Nouvelle Série) Beispiele aus Gillebert de Berneville u. a. Jean de Condé hat Hiatus häufig vor *et: chevalerie/et prestrage* (vgl. Schelers Anmerk. zu Bd. II, II 93). Vgl. ferner Ulbrich: Zs. f. rom. Ph., II 344: Rec. von Montaiglon et Rothschild: Recueil de poésies françaises des XV$^e$ et XVI$^e$ siècles Tome XII: Paris 1877. In dieser Sammlung zeigt Pierre de la Vacherie neben anderen metrischen Eigenheiten auch die des Hiatus durch Nichtelidierung des *e*. Auch G. Paris, Rom VII 334, macht auf 2 Fälle derartiger lyrischer Cäsur aufmerksam, die sich im Aubéron finden; endlich vgl. Tobler Versbau$^2$ S. 56 f.

## II. Hiatus nicht elidierbarer, auslautender betonter Vokale mit vokalischem Anlaute des nächsten Wortes, sogen. Malherbe'scher Hiatus.

Nach den Untersuchungen über Vorkommen und Erlaubtsein des Hiatus im XVI. und XVII. Jahrhundert, sowie über Malherbe's Hiatusverbot,\*) bleibt es noch eine offene Frage, „da es zu der heutigen Strenge der Hiatusregel nur sehr allmählich gekommen ist", ob nicht die dieser Zeit vorangehende Periode, die mittelfranzösische, auch schon allmählich die Neigung entwickelte, den Hiatus zu vermeiden, ob nicht

---

\*) Vgl. die betr. Arbeiten von Gröbedinkel (über Desportes und Malherbe), Kalepky, Johannesson (der auch Ronsard's Hiatus beobachtet hat), Braam (welcher auch Regnier's Werke untersucht hat, S. 28 ff.) und Ricken, Metrische Technik Corneille's u. Neue Beiträge zur Hiatusfrage, in: Zs. f. nfrz. Spr. u. Lit. VII 97 ff).

das für Wohllaut der Verse ausgebildete Ohr eines Dichters wie Froissart, wenigstens die härtesten Misklänge in der Aufeinanderfolge aus- und anlautender Vokale schon als unangenehm empfand und verwarf.

Für Froissart ist, wie unsere Untersuchung ergab, die Frage noch zu verneinen; das Ergebnis ist, zusammengehalten mit den Angaben über die Dichter der Malherbe'schen Zeit ein entschieden ungünstiges für unseren Autor.

Im folgenden gebe ich eine Uebersicht über die Hiate, die sich auf den ersten 100 Seiten des I. Bandes seiner Dichtungen finden (3371 Verse), da bei einer Prüfung der Lyrik des II. Bandes, sowie des III. Bandes abweichende Ergebnisse sich nicht darboten.

In der Beurteilung über das Wesen des Hiatus, unter welchen Voraussetzungen das Zusammentreffen aus- und anlautender Vokale Hiatus bewirkt, schliesse ich mich im wesentlichen den Ausführungen Rickens an; in Bezug auf die Einteilung der Hiate folge ich der durch Ricken modificierten Braams.

I. **Anscheinender Hiatus** findet statt, wenn bei schwachen Tonsilben der auslautende Vokal unter dem Einfluss eines folgenden, stärker betonten Wortes eine Dämpfung erfährt.*) Ist aber der aus- und anlautende Vokal derselbe, so erzeugen sie wirklichen Hiatus. (Vgl. hierüber S. 65).

Der anscheinende Hiatus findet sich 451 mal: z. B. 1, 3: *et_on*. 1, 12: *je sui_entrés*. 1, 16: *et_à_Oleils*. 2, 35: *il y_a*. 2, 50: *ou_il avoit*. 3, 74: *et_en*. 4, 96: *j'ai_à porter*. 9, 271: *je_ai_eües*. 11, 339: *la_estoie*.

II. **Anscheinender Hiatus** findet auch zuweilen statt bei starken Tonsilben, welche Dämpfung erfahren können bei enger grammatischer und begrifflicher Zusammengehörigkeit mit dem folgenden, vokalisch anlautenden Worte. (Gleiche Vokale aber erzeugen wirklichen Hiatus); so 12 mal: z. B. 22, 723: *a pié_ou a cheval*. 23, 765: *ça_et la* etc.

---

*) Unter diese Rubrik des anscheinenden Hiatus und unter die mit auslautendem Vokal, weil mit stummem Endkonsonanten, ist auch *et* (und) zu stellen.

III. **Hiatusaufhebend** ist eine grammatische Pause am Ende eines Versfusses (besonders in der Cäsur des zehnsilbigen Verses); so 72 mal (darunter 40 mal in der Cäsur 10 silbiger Verse unter 1201 Zehnsilblern).

Z. B. 2, 45: *En temps d'esté, / ou mois de may.* 5, 147: *Ne sçai, / ou cascuns est fui.* 6, 165: *Ai mi! / or me font aultrement.* 18, 590: *Lors m'en fui, / et sans demeure.* Ferner: 27, 881. 28, 918. 31, 1036 etc.

In Cäsur z. B. 54, 43: *L'en regrasci, / et ma dame aussi voir.* 56, 112: *L'une, beauté, / et li autre, plaisance.* 59, 204: *Donc, selonc ce, / elle dou tout s'ordonne.* 66, 454: *Qu'il n'ait merci / en aucune saison* etc.

IV. **Der Hiatus wird durch Elision eines stummen e aufgehoben** (gleiche Laute erzeugen auch hier wirklichen Hiatus, so in 4 Fällen): 84 mal auf den ersten 100 Seiten in ca. 3400 Versen, d. h. auf 1000 Verse entfallen 25 Fälle mit elidiertem e, dieselbe Anzahl, wie später noch bei Ronsard und Desportes (vgl. Johannesson S. 34, 1). Dies gleiche Verhältnis bei Froissart, wie bei den Späteren, ist auch ein Beweis dafür, dass die Dichter des XVI. u. XVII. Jahrhunderts (Malherbe ausgenommen), den sogen. Hiatus durch Elidierung des e nicht zu vermeiden eifrig bemüht waren, wie Johannesson annimmt. Ebenso wie Froissart, der dem Hiatus kaum je aus dem Wege geht, war es auch Ronsard und Desportes unmöglich, mehr dergleichen Vokalverbindungen zu verwenden, da die Sprache nicht mehr bot; von einer Beschränkung und Umgehung dieser Vokalzusammenstösse kann daher keine Rede sein. Die einzelnen Verbindungen sind:

*ie*: 16 mal z. B. 3, 77: *adrecie‿en.* 12, 365: *lie‿et.* 20, 657: *jalousie‿est.* 20, 665: *jalousie‿a.* 34, 1124: *crie‿et.* 44, 1470. 56, 97 etc.

*ée*: 8 mal, z. B. 62, 312: *presumée‿a.* 80, 943: *levée‿a.* 96, 325: *née‿en.* 98, 378: *pensée‿au* etc.

*oe*: 1 mal, 58, 192: *roe‿ensi.*

*ue*: 2 mal, 15, 481: *deüe‿et.* 47, 1580: *veüe‿ou.*

*aie*: 3 mal, 47, 1577: *vraie‿obeissance.* 73, 689: *j'aie‿a.* 75, 773: *aie‿aucun.*

*oie:* 54 mal, 2, 39: *estoie_en.* 4, 105: *tenoie_a.* 5, 143 *avoie_avec.* 6, 153: *auroie_or.* 6, 160: *joie_en* etc.

V. **Wirklicher Hiatus** findet statt 203 mal, darunter 67 mal der schlimme Hiatus zweier gleicher Vokale. Beispiele: 1, 1: *Je sui de moi / en grant merveille.*\*)
    4, 87: *J'ai ja servi / un temps moult grant.*
    4, 88: *Et obeï / à ton commant.*
   14, 439: *Quant je voi / un loyal amant.*
   23, 753: *Avec moi menrai / Attemprance* etc.

Hiatus gleicher Vokale (die wirklichen Hiate der vorhergehenden 4 Abteilungen gehören hierzu): 1) 6 Fälle von *i : i* 17, 550: *pour qui / il.* 28, 930: *sui / ignorans.* 51, 1717: *aussi / Yris.* 10, 314: *qui / y.* 12, 385: *li / intention.* 56, 100: *qui / y.*
2) 40 Zusammenstösse von *é : é:* z. B. 6, 183: *et / esté.* 10, 300: *appellée / et.* 23, 756: *pité / et* 25, 839: *et / esperance* 100, 470: *verité / expondre.*
3) 1 Fall von *ę : ę:* 51, 1690: *pooie estre.*
4) 17 Vokalstösse von *a : a,* z. B. 4, 113: *a/amer.* 10, 306: *ça / avant.* 11, 324: *parla / adonques.* 19, 615: *retourna / arriere.* 21, 693: *a / amours.* 25, 820: *laira / aler.* 29, 963: *la / arresté.* 71, 646: *a / afaire* etc.
5) 3 Fälle von *u : u:* 21, 703: *tu / hui.* 11, 344: *tu / un.* 100, 458: *fu / une.*

Für einige dieser wirklichen Hiate ist Froissart ja nicht verantwortlich zu machen; sie waren kaum zu umgehen, als im Sprachzustande seiner Zeit und seiner Heimat liegend. Denn poetische Licenzen, wie sie später Ronsard und dessen Schule in grosser Fülle zur Vermeidung des Hiatus sich gestatteten, verwendet unser Dichter noch nicht in dem Masse.

Andere Beispiele dagegen zeigen, dass das Gefühl des Missklanges eines Hiatus, wo der Dichter ihn ohne Schwierigkeit hätte vermeiden können, ihm doch noch fremd war (z. B. *verité/expondre, qui/il, ça/avant, la/arresté, parla/adonques, a/afaire.*

---

\*) Eine geringe Pause findet zwischen den einzelnen Satzteilen auch hier häufig statt, aber die den Hiatus aufhebende Dauer ist ihr abzusprechen.

## Kapitel III: Reim.

|  | I | II | III | IV |
|---|---|---|---|---|
| Paradys d'Amour I 1—52 | 16% | 32% | 25,5% | 9,5% |
| Orloge Amoureus I 53—86 | 9 | 29 | 17 | 21 |
| Espinette I 87—210 | 14 | 20 | 23 | 13 |
| Prison Amoureus I 211—347 | 9 | 18,5 | 21 | 18 |
| Joli Buisson de Jonece II 1—161 | 4,5 | 11 | 27 | 19 |
| Temple d'Honneur II 162—193 | 8 | 15,5 | 25 | 15 |
| Débat dou Cheval II 216—219 | 48 | 24 | 15 | 11 |
| Dit dou Florin II 220—234 | 23 | 22 | 20 | 12 |
| Plaidoierie de la Rose II 235—245 | 15 | 32 | 21,5 | 7 |
| Cour de May III 8—51 | 10 | 13 | 22,5 | 14 |
| Trésor Amoureux III 52—281 | 5,5 | 5,5 | 36 | 16 |
| Cour de May III 1—8 (V. 1—228) | 31 | 22 | 26 | 4 |
| Dit dou Bleu Chevalier I 348—362 | 57 | 15 | 17 | 2,5 |
| Confort de la Dame I 168—175 | 45 | 22 | 13 | 9 |
| Souhaits (8) II 137—148 | 54 | 22 | 14 | 2 |
| Dittié de la Margherite II 209—215 | 56,5 | 28 | 5,5 | 4 |
| Complainte I 3, 75—7, 202 | 53 | 21 | 15 | 3 |
| Complainte I 132, 1556—156, 2354 | 39 | 38 | 9,5 | 8 |
| Complainte I 310, 3010—314, 3153 | 43 | 28,5 | 16 | 3,5 |
| Trettié d. Joli Mois de May II 194, 1— 208, 438 | 35 | 22 | 19 | 7 |
| Rondeaux (aus Bd. I, II und III) | 33 | 30,5 | 12,5 | 8 |
| Lays (aus Bd. I und II) | 43,5 | 23,5 | 14 | 8 |
| Virelays (aus Bd. I und II) | 48,5 | 23 | 13 | 7 |
| Pastourelles II 306—352 | 56,5 | 29 | 7 | 4 |
| Chansons Royaux II 353—365 | 58 | 20 | 5 | 2 |
| Baladen (aus Bd. I und II) | 46,5 | 26 | 11,5 | 6,5 |
| Baladen (aus Bd. III) | 26 | 15,5 | 22,5 | 12 |
| Baladen (aus I, II und III zusammen) | 30,5 | 18 | 20 | 11 |

| V | VI | VII | VIII | S | A | B | C | D |
|---|---|---|---|---|---|---|---|---|
| 9% | 3% | 1% | 4% | 52% | 4,5% | 6,5% | 6,5% | 34,5% |
| 10 | 6 | 1 | 7 | 62 | 4,5 | 10 | 11 | 36,5 |
| 15 | 6 | 1 | 8 | 66 | 3 | 8 | 8,5 | 46,5 |
| 15,5 | 7 | 2 | 9 | 72,5 | 2 | 10 | 10 | 50,5 |
| 16,5 | 10 | 2 | 10 | 84,5 | 2 | 14 | 13 | 55,5 |
| 15 | 9 | 2,5 | 9 | 75,5 | 3 | 14 | 11,5 | 47 |
| — | — | — | 2 | 28 | — | 2 | 2 | 24 |
| 12 | 3,5 | 0,5 | 7 | 55 | 1,5 | 8 | 3,5 | 42 |
| 10,5 | 5 | 2 | 7 | 53 | 6,5 | 8 | 1,5 | 37 |
| 20,5 | 9 | 3 | 8 | 77 | 5 | 16 | 7 | 49 |
| 9 | 16 | 4 | 8 | 89 | 5,5 | 21 | 14,5 | 48 |
| 8 | 5 | 1 | 3 | 47 | 9 | 11 | 4 | 23 |
| 6,5 | 1 | 1 | — | 28 | 9 | 2 | 5 | 12 |
| 5 | 2,5 | 1 | 2,5 | 33 | 7 | 2 | 2,5 | 21,5 |
| 6 | 1 | — | 1 | 24 | 3,5 | 7 | 1 | 12,5 |
| 4 | 1 | — | 1 | 15,5 | 5 | 2 | 2,5 | 6 |
| 4 | 2 | — | 2 | 26 | 7 | 3 | 2,5 | 13,5 |
| 3 | 1 | — | 1,5 | 23 | 1,5 | 6 | 2,5 | 13 |
| 7,5 | — | — | 1,5 | 29,5 | — | 3 | 4 | 21,5 |
| 6,5 | 8 | — | 2,5 | 43 | 4 | 13 | 4 | 22 |
| 8 | 3 | 2 | 3 | 36,5 | 2 | 9 | 2 | 23,5 |
| 6,5 | 1,5 | 1 | 2 | 33 | 7 | 6,5 | 2 | 17,5 |
| 5,5 | 1,5 | — | 1,5 | 28,5 | 6 | 4 | 2 | 16,5 |
| 2 | 0,5 | — | 1 | 14,5 | 1,5 | — | 1 | 12 |
| 10 | 4 | 1 | — | 22 | 12 | 1 | 2 | 7 |
| 4 | 3,5 | 0,5 | 1,5 | 27,5 | 4 | 5 | 2,5 | 16 |
| 8 | 11 | 1,5 | 3,5 | 58,5 | 8,5 | 11,5 | 8 | 30,5 |
| 7 | 9,5 | 1 | 3 | 51,5 | 7,5 | 10 | 6,5 | 27,5 |

Um zu einer Feststellung des Umfanges der Verwendung der einzelnen Reimarten zu gelangen, habe ich mich zu allgemeinen dem Einteilungsprinzipe Freymond's angeschlossen (Über den reichen Reim bei altfranzösischen Dichtern im Anfang des XIV. Jahrh. in: Zs. f. rom. Phil. VI. Insoweit werden die Ergebnisse dieser Reimuntersuchung zur Ergänzung genannter Arbeit sein, insofern sie eben zeigen, wie die Reimtechnik nach der von Freymond untersuchten Periode bei einem hervorragenden Autor aus der zweiten Hälfte des XIV. Jahrhunderts sich gestaltet.

Nach der Quantität des Gleichlautes werden die Reime geschieden in:

Genügende Reime.

    I. Genügende männliche Reime, z. B.: 2, 21 *or : mor*. 2, 27 *air : Enclimpostau*. 3, 267 *lit : abit*. 9, 261 *douçour : amour*.

    II. Genügende weibliche Reime, z. B.: 1, 13 *terme : ferme*. 7, 209 *chantoient : respassement*. 3, 235 *estre : destre*.

Reiche Reime:

    III. Männliche Reime mit Stützkonsonant, z. B.: 1, 5 *dormant : commant*. 2, 45 *may : amai*. 10, 307 *ici : merci*.

    IV. Weibliche Reime mit Stützkonsonant, z. B.: 1, *merveille : veille*. 3, 67 *entires : tires*. 3, 237 *esmerées : contourées*.

    V. Männliche Reime, in denen der Gleichlaut mit dem Vokal der vorletzten Silbe beginnt, z. B.: 3, 57 *amer : tamer*. 7, 213 *amans : reclamans*. 3, 219 *tenir : souvenir*.

    VI. Männliche Reime, in denen der Gleichlaut mit dem Konsonanten, der vor dem Vokal der vorletzten Silbe steht, beginnt, z. B.: 1, 3 *vaillant : travaillant*. 11, 343 *los : tel*. 13, 417 *esprouver : trouver*.

    VII. Männliche Reime, in denen der Gleichlaut sich mehr als zwei Silben erstreckt, z. B. *ressentement : tement*. 25, 831 *liement :*

    VIII. Weibliche Reime, in denen der Gleichlaut mehr als zwei Silben, z. B. *sées*. 9, 263 13, 419 *establi*

Nach ihrer „Qualität" lassen sich die reichen Reime einteilen in (vgl. Freymond S. 19 ff.):

I. Bequeme reiche Reime:

A. Der reiche Reim entsteht durch Bindung von Wörtern mit gleichen Flexions- und Derivationselementen, z. B.: 11, 345 *vodroit : ameroit*. 31, 1019 *diras : parleras*. 9, 259 *briefment : nullement*. 11, 333 *conclusion : opinion*. 13, 407 *obediensce : passiensce*. 8, 239 *painture : Nature*. 65, 439 *seürtés : pités*. 68, 513 *beauté : plenté*.

B. Die reich reimenden Wörter haben gleichen Stamm, und ihre Bedeutungen gehen nicht weit auseinander, z. B.: 8, 251 *vregié* (Subst.) : *vregié* (Part.). 13, 401 *compagne* (Subst.) : *descompagne* (V.). 14, 437 *joie* (S.) : *resjoie* (V.). 3, 71 *desespoir : espoir*. 25, 809 *sejourne : ajourne*. 19, 627 *parolle* (S.) : *parolle* (V.). 26, 845 *dire : contredire*. 74, 727 *maintiegne : soustiegne*.

II. Gute reiche Reime:

C. „Die reich reimenden Wörter sind gleichen Stammes, ihre Bedeutungen aber lassen die Identität des Stammes nicht zu leicht erkennen", z. B.: 20, 637 *empris : apris*. 22, 721 *aviegne : souviegne*. 31, 1041 *recorde : acorde*.

D. „Die Reimwörter gehören verschiedenen Stämmen an, und der Reimgleichlaut greift in die Stammsilben ein"; hierzu zählen auch die gebrochenen Reime, z. B.: 11, 343 *l'ostel : los tel*. 15, 473 *Nature : creature*. 21, 699 *tendre* (Adj.) : *entendre*. 10, 307 *ici : merci*. 2, 51 *jolis : lys*. 26, 800 *recordé : le corps Dé*. \*)

Das Zahlenverhältnis der genügenden zu den reichen Reimen ist, wie eine Vergleichung ergiebt, in den einzelnen Dichtungen sehr verschieden; die Prozenthöhe der reichen schwankt zwischen 89 % im Trésor und 14,5 % in Pastourelles.

Betrachtet man zunächst die Dichtungen mit entschieden [...] Reim, so lassen sich auch bei Froissart [...] ren Dits eingelegten strophischen Lays, Virelays, [...]steren abgesondert und zu der Dichtungsart ge-

Um zu einer Feststellung des Umfanges der Verwendung der einzelnen Reimarten zu gelangen, habe ich mich im allgemeinen dem Einteilungsprinzipe Freymond's angeschlossen (Über den reichen Reim bei altfranzösischen Dichtern bis zum Anfang des XIV. Jahrh. in: Zs. f. rom. Phil. VI). Damit werden die Ergebnisse dieser Reimuntersuchung eine Ergänzung genannter Arbeit sein, insofern sie eben zeigen, wie die Reimtechnik nach der von Freymond untersuchten Periode bei einem hervorragenden Autor aus der zweiten Hälfte des XIV. Jahrhunderts sich gestaltet.

Nach der Quantität des Gleichlautes werden die Reime geschieden in:

Genügende Reime:

I. Genügende männliche Reime, z. B.: 2, 21 *or : encor.* 2, 27 *air : Enclimpostair.* 8, 243 *dit : abit.* 9, 261 *douçour : amour.*

II. Genügende weibliche Reime, z. B.: 1, 13 *terme : ferme.* 7, 209 *chantoient : resjoïssoient.* 8, 235 *estre : destre.*

Reiche Reime:

III. Männliche Reime mit Stützkonsonant, z. B.: 2, 25 *dormant : commant.* 2, 45 *may : amai.* 10, 307 *ici : merci.*

IV. Weibliche Reime mit Stützkonsonant, z. B.: 1, 1 *merveille : veille.* 3, 67 *entires : tires.* 8, 237 *esmerées : coulourées.*

V. Männliche Reime, in denen der Gleichlaut mit dem Vokal der vorletzten Silbe beginnt, z. B.: 3, 57 *amer : entamer.* 7, 213 *amans : reclamans.* 8, 219 *tenir : souvenir.*

VI. Männliche Reime, in denen der Gleichlaut mit dem Konsonanten, der vor dem Vokal der vorletzten Silbe steht, beginnt, z. B.: 1, 3 *veillant : traveillant.* 11, 343 *l'ostel : los tel.* 13, 417 *esprouver : trouver.*

VII. Männliche Reime, in denen sich der Gleichlaut auf mehr als zwei Silben erstreckt, z. B.: 3, 55 *assentement : sentement.* 25, 831 *liement : deliement.*

VIII. Weibliche Reime, in denen sich der Gleichlaut auf mehr als zwei Silben erstreckt, z. B.: 2, 31 *pensées : recensées.* 9, 263 *apaiseroie : crieroie.* 9, 271 *eües : pourveües.* 13, 419 *estable : connestable.*

Nach ihrer „Qualität" lassen sich die reichen Reime einteilen in (vgl. Freymond S. 19 ff.):

I. Bequeme reiche Reime:

A. Der reiche Reim entsteht durch Bindung von Wörtern mit gleichen Flexions- und Derivationselementen, z. B.: 11, 345 *vodroit : ameroit.* 31, 1019 *diras : parleras.* 9, 259 *briefment : nullement.* 11, 333 *conclusion : opinion.* 13, 407 *obedience : passiensce.* 8, 239 *painture : Nature.* 65, 439 *seürtés : pités.* 68, 513 *beauté : plenté.*

B. Die reich reimenden Wörter haben gleichen Stamm, und ihre Bedeutungen gehen nicht weit auseinander, z. B.: 8, 251 *vregié* (Subst.) : *vregié* (Part.). 13, 401 *compagne* (Subst.) : *descompagne* (V.). 14, 437 *joie* (S.) : *resjoie* (V.). 3, 71 *desespoir : espoir.* 25, 809 *sejourne : ajourne.* 19, 627 *parolle* (S.) : *parolle* (V.). 26, 845 *dire : contredire.* 74, 727 *maintiegne : soustiegne.*

II. Gute reiche Reime:

C. „Die reich reimenden Wörter sind gleichen Stammes, ihre Bedeutungen aber lassen die Identität des Stammes nicht zu leicht erkennen", z. B.: 20, 637 *empris : apris.* 22, 721 *aviegne : souviegne.* 31, 1041 *recorde : acorde.*

D. „Die Reimwörter gehören verschiedenen Stämmen an, und der Reimgleichlaut greift in die Stammsilben ein"; hierzu zählen auch die gebrochenen Reime, z. B.: 11, 343 *l'ostel : los tel.* 15, 473 *Nature : creature.* 21, 699 *tendre* (Adj.) : *entendre.* 10, 307 *ici : merci.* 2, 51 *jolis : lys.* 26, 860 *recordé : le corps Dé.* *)

Das Zahlenverhältnis der genügenden zu den reichen Reimen ist, wie eine Vergleichung ergiebt, in den einzelnen Dichtungen sehr verschieden; die Prozenthöhe der reichen Reime schwankt zwischen 89 % im Trésor und 14,5 % in den Pastourelles.

Betrachten wir zunächst die Dichtungen mit entschieden vorherrschendem reichen Reim, so lassen sich auch bei Froissart

---

*) Die in die grösseren Dits eingelegten strophischen Lays, Virelays, Baladen etc. sind aus ersteren abgesondert und zu der Dichtungsart gerechnet, der sie angehören.

für die übrigbleibenden genügenden männlichen Reime die bestimmten, beschränkenden Bedingungen ihrer Anwendung erkennen, die Freymond S. 130, dem ich hier folge, auch für andere Dichter gefunden hat.

Froissart versagte sich den Gebrauch reicher Reime und. stellte sich mit genügenden, männlichen Reimen zufrieden, z. B. beim Paradys d'Amour in 258 Fällen:

I. Bei Einsilbigkeit der Reimwörter: 2, 21 *or* : *encor*. 2, 29 *fu* : *u*. 8, 243 *dit* : *abit*. 9. 255 *homs* : *raisons*. 9, 265 *jettai* : *j'ai*. 9, 275 *plaist* : *est*. 11, 355 *cognois* : *rois*.

In 80 Reimpaaren von den 129 genügenden männlichen Reimpaaren des Paradys d'Amour ist eins der Reimwörter oder auch beide einsilbig.

II. Bei Reimen, in denen der Reimvokal keinen Stützkonsonannten vor sich hat; so in 9 Reimpaaren\*): 9, 257 *esbahis* : *fuïs*. 14, 441 *seignour* : *aour*. 23, 771 *gracieus* : *perilleus*. 28, 931 *veneour* : *signour* etc.

III. Bei Reimwörtern, die Eigennamen sind; 4 Reimpaare: 30, 983 *Galehaus* : *Erbaus*. 30, 993 *Hero* : *Equo*. 30, 995 *Jason* : *buisson*. 28, 925.

IV. „Bei Reimwörtern, deren Reimvokal aus einem Diphthongen oder Triphthongen besteht, dessen erster Bestandteil ein *i* ist; oder bei Reimen, in denen das eine Reimwort einen solchen Diphthongen oder Triphthongen enthält, während sich in dem anderen vor dem Tonvokal ein zur vorhergehenden Silbe gehörendes *i* findet"; 7 Reimpaare: 18, 565 *employer* : *conseillier*. 28, 907 *levriers* : *volentiers*. 47, 1557 *joious* : *curious*. 47, 1575 *soiés* : *envoisiés*. 51, 1698 *coucier* : *pryer*. 31, 1023. 32, 1065.

V. Bei seltenen Reimwörtern oder Reimen mit seltenen Endungen, 3 Reimpaare: 19, 625 *consauls* : *travaus*. 48, 1611 *chapelet* : *doucet*. 51, 1714 *rondel* : *nouvel*.

---

\*) Manche Reimpaare gehören dem einen Reimworte nach zur Abteilung I, dem zweiten Reimworte nach zur Abteilung II etc., doch sind solche natürlich nur einmal aufgezählt, so z. B, 15, 463 *pooir* (zu II) : *hoir* (zu I), 44, 1455 *preel* (zu II) : *bel* (zu I) etc.

VI. Bei Reimsilben mit vollerem Klang: 20 Reimpaare: *-ous, -eus:* 20, 663 *amoureus : jalous. -our:* 9, 261 *douçour : amour.* 9, 279. 10, 319. 30, 1003. *-on, -ons:* 28, 905 *buisson : compagnon.* 31, 1015. *-oir:* 47, 1571 *voloir : devoir.* 29, 971. *-ans:* 28, 911 *Samblans : Besongnans. -ent:* 3, 65 *et de mon jouvent : et de mon tourment.* 27, 899 *autrement : devant. -er:* 10, 297 *conforter : acorder.* 20, 641. 25, 827. 51, 1692. *-ir:* 29, 955 *jurnir : souffrir. -is:* 11, 329 *fesis : devenis.* 12, 375. 51, 1708.

Von allen 258 genügenden männlichen Reimen des Paradys sind 246 den genannten 6 Ausnahmefällen untergeordnet, bei welchen genügender männlicher Reim zuzulassen ist. Nur 6 übrigbleibende Reimpaare weisen wenig befriedigenden Reim auf, bei welchen nur der im Auslaut stehende Tonvokal reimt: 13, 395 *merci : certefi.* 15, 461 *delai : dirai.* 15, 471 *vertu : escu.* 20, 665. 28, 909. 45, 1485. (Unter I und II der Ausnahmefälle sind zwar auch einige Reime auf blossen Vokal mitgezählt, doch waren sie auch einsilbig oder ohne Stützkonsonannten.)

Auch in allen anderen Dichtungen, in denen genügende männliche Reime bedeutend zahlreicher auftreten, und der reiche Reim in der Minderzahl ist, lassen sich erstere doch im ganzen in die aufgezählten sechs Abteilungen einfügen; allerdings wächst in solchen Dichtungen auch die Anzahl der klangesarmen Reime auf blossen Vokal.

Wo es angeht, sucht Froissart den geringen Gleichklang genügender männlicher Reime noch zu füllen, indem er Doppelreim u. a. anwendet, z. B.: 3, 65 *et de mon jouvent : et de mon tourment.* 11, 329 u. 12, 375 *fesis : devenis.* 16, 523 *tous lieus : douls diex.* 25, 827 *acorder : deporter.* 30, 981 *Yseus : li preus.* 32, 1071 *depuis : de nuis.* 44, 1455 *preel : et bel* etc. Näheres später.

Wie schon erwähnt wurde, müssen auf Grund der Reimverhältnisse (vgl. die Uebersicht) die Dichtungen Froissart's gesondert werden in solche mit Reimpaaren und in strophische Dichtungen.

I. Dichtungen in paarweise gereimten Versen.*)

Für alle Dichtungen in Reimpaaren ist der Gebrauch reicher Reime wesentliches Merkmal; die grösseren Gedichte lassen dabei eine Zunahme der reichen Reime, entsprechend ihrer Abfassungszeit, erkennen: die früheste Dichtung, Paradys d'Amour hat 16 % genügende männl. Reime und 52 % reiche Reime neben einem hohen Prozentsatze (32 %) genügender weiblicher Reime, die ja auch einen volleren Gleichlaut haben als die genügenden männl. Reime. Allmählich bildet sich die Reimkunst Froissart's noch fort, vgl. Orloge mit 62 %, Prison mit 72 %, Joli Buisson mit 84,5 % (und mit der geringsten Prozentzahl genügender männlicher Reime [4,5 %]), ferner Temple d'Honnour mit 75,5 %, Cour de May mit 77 % und Trésor mit 89 % reichen Reimen. In letzterer Dichtung sind indes genügende weibliche Reime auffallend wenig vertreten.

Kleinere Kichtungen in achtsilbigen Reimpaaren (Débat dou Cheval et dou Levrier, Dit dou Florin, Plaidoierie de la Rose et de la Violette) zeigen eine etwas weniger kunstgemäss durchgeführte Behandlungsweise des Reimes, doch lehrt schon der Inhalt der allerdings frisch und lebensvoll geschriebenen Débat dou Cheval und Dit dou Florin, dass beide mehr gelegentliche Dichtungen sind, und der Dichter daher auf sorgfältige Abrundung der Form weniger Wert legte; immerhin stehen Dit dou Florin und Plaidoierie in Bezug auf Verwendung reicher Reime dem frühesten Werke des Dichters, dem Paradys, gleich (Plaidoierie auch betreffs der grossen Zahl genügender weiblicher Reime), während allerdings der Débat dou Cheval nur halb so viel reiche Reime aufweist und mit seinen 28 % reicher, aber 48 % genügender männlicher Reime im Range der in Folgereimen geschriebenen Erzählungen am tiefsten steht.

---

*) Folgende, den Handschriften fehlende Verse sind von Scheler unerwähnt gelassen, obwohl er sonst die meisten fehlenden Verse verzeichnet: Ergänzungsreim zu *forment* 165, 2630. II 62, 2117 (zu *ameroit*). II 147, 4951 (zu *face*). II 169, 232 (zu *s'entr'amoient*). II 393, 31 (zu *assouagiés*). III 205, 2224 (zu *sensiblement*).

Betreffs der Qualität der reichen Reime in den besprochenen Dichtungen ist aus der Uebersicht zu entnehmen, dass Froissart im allgemeinen viele bequeme Reime anwendet, und in dem Streben nach vollerem Gleichklang sich der leicht darbietenden, aber in Bezug auf den Reim nicht wünschenswerten und weniger vollkommenen Mittel bedient. Wenn auch die reichen Reime unter A, die also durch Bindung gleicher Flexions- und Formationselemente entstehen, nicht sehr zahlreich sind, so ist doch die Höhe der Ziffern aus den reichen Reimen, die durch Wörter gleichen Stammes mit nahe oder entfernter liegender Bedeutung gebildet werden, bedeutend. Die Qualität der Reime unseres Dichters ist ungefähr der seiner beiden Heimatsverwandten Baudouin und Jean de Condé gleich, deren reiche Reime Freymond S. 201 auch als grossenteils bequeme bezeichnet.

II. Die lyrische und strophische Dichtung bis zum XIV. Jahrhundert kennt nach Freymond den reichen Reim nicht, einzelne Ausnahmen ungerechnet; von diesem Zeitpunkte an macht sich dann aber ein deutliches Streben nach reichen Reimen bemerkbar, da die Lyrik, anstatt wie sonst zum Singen bestimmt zu sein, nur noch gelesen wurde, und daher des formalen Schmuckes einer vollendeteren Reimkunst nicht mehr entraten konnte. Dass unsere Übersicht nun im allgemeinen für diese Dichtungen bedeutend geringere Prozentzahlen reicher Reime nachweist als bei den paarweise gereimten Dichtungen (von 58,5% der Baladen des III. Bandes bis herab zu 14,5% in den Pastourelles) erklärt sich leicht aus der dem Dichter hier entgegenstehenden Schwierigkeit, Reimreichtum nicht wie vorher für nur ein Reimpaar zu finden, sondern für zahlreiche, in mehreren Strophen sich wiederholende Reime. So sind im Dit dou Bleu Chevalier stets 4 gleiche Reime, in der Einleitung der Cour de May III 1—8: 6 gleiche Reime, ebensoviel in Joli Mois de May, in den drei Complaintes: 8, in Confort de la Dame, Souhaits, Dittié de la Margherite: 16 gleiche Reime usf. Dass der Dichter sich daher häufiger als vorher mit dem genügenden männlichen Reime begnügte, der reiche Reim sich ihm nur in zwei oder einigen aufeinanderfolgenden Zeilen darbot, liegt in der Natur der Sache. Trotz allem hat er reiche Reime, wie die Uebersicht zeigt, in manchen der hierher gehörigen Gedichte nicht eben selten verwendet. Voran stehen in dieser Hinsicht die Balladen aus dem Tresor (III. Band), die 58,5 % reicher Reime liefern. Zu bemerken ist andererseits auch bei diesen, wie überhaupt bei den Dichtungen des III. Bandes, die verhältnismässig geringe Zahl von genügenden weiblichen Reimen (15,5 %), worin sie von allen Dichtungen des I. und II. Bandes (mit Ausnahme des Bleu Chevalier) übertroffen werden. Die relativ hohe Prozentzahl der reichen Reime in den Balladen wird aber an Bedeutung und Wert sehr abgeschwächt durch ihre wenig gute Qualität: Reime gleicher Formations- und Flexionssilben und Reimwörter gleichen Stammes sind zu häufig zusammengestellt, und thun dadurch, der künstlerischen Wirkung des Reimes Abbruch.

Die Balladen aus Bd. I u. II reimen viel weniger reich (27,5 %), ihre Qualität ist aber besser und sie bieten fast ebenso viele genügende weibl. Reime (26 %). Demnächst am häufigsten angewendet finden sich reiche Reime in dem strophischen Eingange der Cour de May, also auch im III. Bande (III 1—8) mit 47 %, die aber auch rücksichtlich ihrer Qualität fast zur Hälfte als bequem zu bezeichnen sind.

Ein ähnliches Resultat bietet der Trettié dou Joli Mois de May, ein günstigeres die Rondeaux mit 36,5 % reichen und nicht zu trivialen Reimen, und ausserdem mit 30,5 % genüg. weibl. Reimen; und so gelingt die Einführung reichen Reimes unserem Dichter bei den übrigen lyrisch-strophischen Dichtungen, wie die Übersicht ausweist, nicht immer gleichmässig, wegen der Schwierigkeit dieser Reimweise bei der häufigen Wiederholung desselben Reimes. —

Wie jene ganze Zeit, in der Froissart lebte, das formale Element in der Poesie zu einer nach damaliger Ansicht hohen Vollendung und Virtuosität auszubilden sich beeiferte, so sahen wir bisher auch Froissart bemüht, den Forderungen der bestehenden Reimtechnik nachzukommen. Im Zusammenhang damit stehen Reimkünsteleien aller Art, von denen die wichtigsten und häufigsten hier zu nennen sind.

**Doppelreim.** Wenn sich Doppelreim auch zuweilen ungezwungen eingestellt haben mag, so ist doch seine grosse Häufigkeit ein Beweis bewussten Erstrebens und Suchens. Er dient dem Zwecke, sowohl bei nur genügenden Reimen (wie schon erwähnt wurde), als auch bei reichen den Endsilben der Verse einen noch vermehrteren, volleren Gleichklang zu verleihen.

Auch bei solchen Reimspielereien ist eine Zunahme ersichtlich, der Abfassungszeit der Dichtungen entsprechend: erstreckte sich der Doppelreim im ältesten Werke (Paradys) stets nur auf zwei Silben, auf die letzte und vorletzte, so sind in Espinette Bindungen dreier Silben schon häufig anzutreffen: z. B. 157, 2389 *damoiselle m'en vins : parlement tins*. 162, 2550 *et les dames : et les fames*. 164, 2598 *dire voir : mireoir*. 165, 2653 *que je vous troeve : je le vous roeve*. 166, 2681 *eslisirent : et li dirent*. II 24, 784 *ne le reuisse : que le sceuisse* etc.

So sind im Paradys d'Amour 62 Doppelreime zu verzeichnen, Orloge: 38. **Espinette: 156.** Prison: 218. Joli Buisson: 332. Temple d'Honnour: 62. Debat dou Cheval: 6. Dit dou Florin: 36. Plaidoierie de la Rose: 28. Cour de May (III 1—51): 96. Trésor: 122. Confort: 10. Souhaits: 18. Bleu Chevalier: 34. Margherite: 21. Complainte I 3: 8. Compl. I 132: 33. Compl. I 310: 8. Joli May: 12. Rondeaux: 86. Lays: 245. Virelays: 104. Pastour: 174: Chans. roiaux: 31. Bal. aus I u. II: 18. Bal. aus III: 284.

**Grammatische Reimpaare.** Ein Streben nach Anwendung grammatischer Reimpaare macht sich häufig bemerkbar, viele von ihnen sind indess nur unvollständige, nicht durchgeführte Versuche dazu, indem eins der vier Reimglieder nicht übereinstimmt, oder die Reimpaare in anderer Weise mangelhaft sind (Compositum tritt für das Simplex oder für ein anderes Compos. ein etc.) Beisp: 1, 3 *veillant : traveillant, veillier : travillier*. 29, 959: *damoiselles : belles, damoiseaus : beaus*. 97, 339: *joie : resjoie, joïr : resjoïr*. II 193, 1069: *nommai : sour-*

*nommai, nommés : sournommés.* 251, 1129: *aherdi : perdi, aherdirent : perdirent.* III 55, 105: *advenu : souvenu, advenra : souvenra.* III 59, 225. III 128, 1035. III 137, 1311 u. 1339. III 138, 1365.

Gekreuzte grammatische Reimpaare finden sich mehrfach: 246, 973 *oublyer : merancolyer, merancolie : oublie.* 290, 2346 *avons : savons, savoir : avoir.* II 13, 409 *registre : aministre, aministreur : registreur.* II 28, 952 *examines : mines, miné : examiné.* II 91, 3052. II 117, 3972. II 136, 4609. II 178, 557. III 61, 287. III 137, 1331. III 200, 2061.

Nicht ganz vollständige grammatische Reimpaare sind häufig: 56, 116 *dire : tire, tirée : atirée.* 85, 1107 *traire : attraire, attrais : retrais.* 24, 781 *travillant : vaillant, travilloies (: teouilloies).* II 39, 1327 *fourvoyés : voyés, fourvoions : ravoions, fourvoie.* II 86, 2879: *cheoir : encheoir, cheil : mescheü.* 60, 243. 59, 207. 87, 19. 96, 327. 321, 3399. II 10, 329. II 11, 335 etc.

Auch hier sind die korrekten grammatischen Reimpaare zahlreicher im II. u. III. Bande; in strophischen Dichtungen findet sich grammatischer Reim u. a. selten, was dem weniger häufigen Vorkommen des reichen Reimes in diesen Gattungen an die Seite zu stellen ist.

Binnenreim ist (nach Tobler S. 136) in nichtstrophischer Dichtung als unbeabsichtigt anzusehen; dies gilt im ganzen auch noch für Froissart im Gegensatz zu den Dichtungen des XV. u. XVI. Jahrhunderts, wo Crétin, Molinet u. a. Dichter Binnenreim im Übermass anwandten, vgl. Quicherat S. 465 ff., dessen Einteilung ich für die wenigen Beispiele aus Froissart folge:

1) Rime renforcée. Die Cäsur reimt mit dem Versschluss, z. B.: 59, 217 *Une heure à destre, et puis l'autre à senestre.*[*] 67, 489 u. 490: *Quand je regarc, ma dame, de quel part, Ce doulc regart se moet et se depart.* 353, 183.

2) Rime brisée. Die in der Cäsur stehenden Wörter

---

[*] Ausgeschlossen ist hierbei, dass Froissart in ein anderes Versmass übergeht, und die Binnenreime somit als Endreime zu betrachten wären.

reimen, z. B.: 67, 491 u. 492: *Qui ne me lait, ne pour gain ne pour perte, Amours qui m'est, la merci soie aperte.*

In achtsilbigen Versen hat ebenfalls öfter ein Binnenwort lautlichen Gleichklang mit dem Endreim:
18, 587: *Et ce me fisent li espart*
*De son regart, qui ne se part.*
24, 790: *Car onques je ne vi celi.* 31, 1038: *Seront et y obeïront.* 43, 1439: *Sa contenance bien retien.* 44, 1491: *Car je le vi friche et joli.* 52, 1766: *Et je diray un virelay.* 130, 1504: *Je me tournoie et retournoie.* 88, 25. 178, 3077. 180, 3159. 187, 3386. 188, 342o. 199, 3815. 229, 612. 238, 788. 240, 856. 238, 806. 241, 901. 244, 932. 249, 1059 etc.

Im Innern des Verses besteht öfter zwischen zwei Wörtern Gleichklang, wohl meist nur zufällig, so z. B.: 184, 3285: *Mes par la foi que je doi dieu.* 41, 1360. 45, 1513. 318, 3282. 77, 838: *Que je vous oie ou voie à la fenestre.* 285, 2211: *De cuir bouli, poli et fin.* 308, 2964: *As dés, as escés et as tables.* II 195, 19: *Rosiers, osiers et joli glay.* II 414, 1: *De quoi que soit se doit renouveler* etc.

**Rime annexée** (Quicherat S. 456). Die beiden letzten oder die letzte Silbe jedes Verses wird am Anfange des folgenden wieder aufgenommen und bildet so ein anderes Wort mit anderer Bedeutung; auf 4 seiner Baladen verwendet Froissart diese künstliche Anordnung. Eust. Deschamps (Art de Dictier etc., ed. Crapelet S. 271: „Et sont les plus fors balades qui se puissent faire") nennt diese Reimwörter équivoques et retrogrades.

Balade I 114, 926. II 118, 3996. II 380 u. II 381.
Die erste Strophe von I 114 lautet beispielsweise:
*A tres plaisant et jolie*
*Lie mon coer et renc pris*
*Pris m'en croist suns villounie.*
*Ounie est en bien de pris;*
*Pris me renc en la prison*
*La belle que tant prise on.*

Homonyme Reime. Homonyme Reime recht häufig zu verwenden, galt als ausgebildete Kunst zur Zeit Froissart's, der sie daher auch in ausgedehntem Masse zusammenzustellen sich bemüht, z. B.: 21, 703 *plains* (Subst., Klage) : *plains* (Adj., voll) u. 17, 543. 28, 937 *gens* (Subst.) : *gens* (Adj.) u. 121, 1172. 16, 527 *mise* (Part.) : *Mise* (Meissen). 25, 835 *voie* (S.) : *voie* (V.). 26, 868 *tristre* (Adj.) : *tristre* (S.) 16, 509 *vainne* (S.) : *vainne* (A.) 16, 529 *Bougie : bougie* (S.) 43, 1419 *ciere* (S.) : *chiere* (Adj.) u. 60, 261. 120, 1134. 91 127 *tendre* (Adj.) : *tendre* (V.) 92, 191 *rue* (S.) : *rue* (V.) 100, 465 *monde* (Adj.) : *monde* (S.) u. 107, 717. 61, 275 *art* (S.) : *art* (V.) 108, 721 *lire* (V.) : *lire* (S.) 124, 1285 *esté* (Part.) : *esté* (S.) 121, 1170 *jus* (Adv.) : *jus* (S.) 120, 1160. 119, 1096. 114, 957. 253, 1189. 128, 1433 etc.

Eine Unterart sind die noch künstlicheren Rimes équivoques, z. B.: 11, 343 *l'ostel : lostel* u. 123, 4164. 26, 860 *recordé : le corps Dé* u. 43, 1445. II 152, 5126. 56, 113 *s'acorde : la corde*. 106, 651 *enamoura : amour a*. 92, 179 *pastels : pas tels*. 100, 461 *guerredonna : guerre donna*. 97, 363 *matin née : matinnée*. 99, 421 *cognestre : ton nestre*. 99, 431 *en tensce : sentensce*. 101, 495 *sentoit : s'entoit*. 121, 1188 *don ai : donnai*. 226, 497 *meffet : me fet*. 269, 1710 *prisai : pris ai*. 224, 427 *le note ai : le notai*. 262, 1448 *outrage : outre age*. 319, 3315 *saisou : s'aise on*. 322, 3417 *levés : le vés*. 338, 3780 *clerement voie : m'envoie*. 341, 3836 *envoie : en voie*. II 14, 449 *prison : prise on*. II 33, 1114 *pressoit : pres soit*. II 17, 549 *mis à voie : mis avoie*. II 18, 594 *image : y mac je*. u. II 23, 754. II 93, 3132 *brandons : grans dons*. II 65, 2210 *parti : par ti*. II 95, 3190 *val a : avala*. 102, 3458 *sejournés : jours nés*. II 63, 2162 *reconfortés : de confors tels*. II 63, 2146 *t'amie : t'a mie* u. II 98, 3298. II 93, 3126 *part d'ire : pardire*. II 127, 4288 *descendans : cent d'ans*. II 153, 5174 *espani : pas n'i*. II 134, 4533 *ce sera : cessera*. II 135, 4551 *vo droit : vodroit*. II 136, 4595 *solacier : solas chier*.

Die Beispiele lassen sich noch leicht vermehren, doch ist schon aus den gegebenen zu ersehen, dass auch diese Reime an Zahl, wie an Künstlichkeit allmählich zunehmen.

Auch andere, den homonymen Reimen nahestehende Bindungen, wie solche aus Reimwörtern gleicher Abstammung aber verschiedener Bedeutung wie z. B. *point* (Subst.) : *point* (Negation). 47, 1561. 159, 2458 *compte* : *conte*. 193, 3584. 153, 2266. 165, 2643. 51, 1704. 71, 649. 80, 937. 89, 75. 180, 3146. *pas* (Negat.) : *pas* (Subst.) 14, 435, oder Reime des Simplex u. Compositum oder zweier Composita unter einander, sind so häufig und machen einen so bedeutenden Bruchteil aller Reime nicht allein bei Froissart, sondern bei den meisten Dichtern jener Zeit aus (vgl. das über bequeme reiche Reime Gesagte), dass Beispiele zu erwähnen kaum noch nötig sein wird. In näherer Gemeinschaft mit den identischen Reimen stehen solche Bindungen, die gleicher Herkunft und von nicht sehr auseinandergehender Bedeutung sind; sie begegnen auch häufig, z. B.: 17, 559 *avoir* (Infin.):*avoir* (Subst.), 102, 513 u. 100, 449. 20, 655 *prueve* (S.) : *prueve* (Verb.) 28, 917 *chace* (S.) : *chace* (V.) 8, 251 *vregié* (S.) : *vregié* (Part.) 20, 635 *savoir* (V.) : *savoir* (S.) 19, 941 *registre* (S.) : *registre* (V). 31, 1027 *besongne* (S.) : *besongne* (V.) 19, 627 *parolle* (S.) : *parolle* (V.) 21, 689 *painne* (S.) : *painne* (V.) 24, 803 *doctrine* (S.):*doctrine* (V.) 16, 521 *servans* (S.) : *servans* (Part.) etc.

Identische Reime.

1) Das Reimwort hat in den beiden Reimen eine geringe Bedeutungsverschiedenheit: 16, 519 *merci* (Gnade) : *merci* (Dank). 76, 821 *tans* (Mal) : *temps* (Zeit). 120, 1136 *temps* (Zeit) : *temps* (passende Zeit, günstige Gelegenheit). 26, 866 *tierce* (3. mal) : *tierce* (3. Stunde), 197, 3750. 210, 4179. 159, 2464. 245, 965. 299, 2630. 357, 312. II 7, 225. II 43, 1454. II 115, 3900. II 277, 11. II 292, 42. II 299, 29. III 47, 1593. III 54, 67. III 58, 191. III 134, 1221. III 137, 1345. III 143, 1543. III 195, 1893. III 196, 1925. III 267, 2767 etc.

2) Das Reimwort bietet keinen Bedeutungsunterschied: 24, 793 *mestier*. 73, 709 *point*. 74, 721 *painne*. 88, 47 *mi*. 88, 19. 122, 1224. 122, 1228 *mains* (minus). 186, 3872. 192, 3572. II 56, 1916. II 129, 4359. II 198, 129. II

199, 157. II 273, 129. II 397, 1. II 417, 17. III 9, 251. III 10, 307. III 18, 571. III 76, 771 u. 783. III 80, 4. III 90, 16. III 90, 1. III 108, 12. III 109, 8 u. 24. III 126, 945. III 133, 1191 u. 1195. III 144, 1573. III 145, 1597. III 167, 14. III 176, 14. III 181, 10. III 188, 1661. III 194, 1873 u. 1881. III 197, 1957. III 200, 2047. III 203, 2149. III 246, 2. III 259, 2525. III 261, 2599. III 271, 2919. III 276, 3061. III 277, 3091. III 280, 3173 etc.

Fortlaufender Rein. Dieser ergiebt sich zuweilen in Dichtungen mit Reimpaaren, wenn zwei oder mehr aufeinanderfolgende Reimpaare dieselbe Reimendung zeigen; so 221, 353—356: *el* : *menestrel*, *bel* : *nouvel*. 275, 1926 *courdine* : *boudine*, *poitrine* : *estrine*. 318, 3297 *parra* : *parra*, *Polixena* : *regna*. II 99, 3348 *hostel* : *tel*, *revel* : *revel*. III 272, 2945 *suspens* : *despens*, *gens* : *diligens*. III 206, 2257.

Indessen hängen die beiden Reime der einzelnen Reimpaare nach der qualitativen Seite doch meist näher zusammen als die Reimpaare unter sich.

Ungenaue Reime. Trotz der Sorgfalt, die dem Reime von seiten der Dichter der ausgehenden altfranz. Zeit zu teil wird, stören zuweilen nachlässige und ungenaue Reime. Kein Wert ist allerdings dem beizulegen, dass die Reimendungen in der Schreibung nicht übereinstimmen, da die Schrift in vielen Fällen noch den Lautstand einer früheren Zeit wiedergiebt. Einzelne Beispiele sind: *s* vor Konsonant verstummte schon im XI. u. XII. Jahrh., doch ist in Fr.'s Dichtungen meistens das *s* noch geschrieben, wie das bis ins XVII. Jahrh. geschieht. 67, 509 *proufit* : *souffist*. 85, 1128 *ama* : *pasma*. 88, 89 *amer* : *blasmer*. 92, 185 *quaresme* : *escame*. 193, 3602 *dame* : *esme*. 134, 1636 *promist* : *destrit*. 287, 2248 *moustre* : *oultre*. 334, 3681 u. ö.

*p* ist stumm: 86, 1160 *dors* : *corps*. 251, 1135 *bras* : *draps*. II 210, 20 *opposite* : *Egypte*. II 265, 99 *hermitte* : *Egypte* etc.

*l* ist stumm vor *s*: 24, 791 *ytels* : *cités*. 99, 439 *Venus* : *nuls*. 206, 4026 *cols* : *repos*. 134, 1623 *tels* : *vantés*. II 82, 2766 *cils* : *ravis* etc.

*g* ist stumm vor *m* und *n:* 150, 2163 *digne : benigne : feminine.* II 255, 307 *esclame : dragme.* II 403, 14 *dame : dragme.* 210, 4188. II 107, 3625. II 108, 3635. II 157, 5301. II 158, 5310. II 211, 49 u. 62. II 388, 38. III 44, 1469. III 47, 1599. III 49, 1671. III 180, 11.

Die Aussprache von *gn* als einfaches *n* (besonders in *dragme, digne, benigne, signe*) beweisen auch rimes annexées, wie II 118, 4005 *Au mains regardés ent le signe
Si ne m'eslongiés nullement.*
II 380, 3 *Font dont ses rais un tel signe
Si ne se essent.*
II 380, 15 *Se m'ont cil rai qui sont digne
Di, ne sçai, s'il le tenront.*
Nichtberücksichtigung von *r* zeigen viele Reime:
1) Kóns. + *r* : Kons.

70, 615 *oevre : prueve.* 75, 757 *troeve : oevre.* 156, 2336 *livre : arrive.* 267, 1642 *barbe : arbe (arbre).* II 35, 1190 *celeste : estre* (154, 5180 *celestre*). 57, 149. 72, 683. 102, 537. 113, 901.
2) *r* + Kons : Kons.

139, 1774 *larme : esclame.* 141, 1870 *ourme : omme.* 187, 3400 *larme : dame.* 291, 2362 *dames : armes.* II 5, 131 *siecle : ciercle.* II 55, 1866 *ensengne : espargne.* II 222, 77 *orges : orloges.* III 184, 17 *resort : soit.* 290, 2320. II 170, 277. II 285, 6. II 274, 159. II 419, 20.

In *doubler : tourbler* etc. (66, 473. 80, 957. 258, 1308) ist es fraglich, ob nicht die Metathese des *r* erst dem Kopisten angehört.

Apocope des *r* findet sich des Reimes wegen in *legai* (= *leger*) : *j'ai* 119, 1112.

Einfaches und mouilliertes *l* reimen zusammen: 156, 2340 *merveilles : celles : belles : masselles : vermeilles.* II 20, 672 *fille : exille.* II 172, 335 *evangille : fille.* II 241, 201 *inficilles : filles.* II 373, 21 *oeil : cel.*

*n* und *r* reimen zusammen: II 347, 43 *Helainne : repaire.*

Stimmlose und stimmhafte Laute reimen zusammen: 113, 913 *ensamble : example.* 131, 1518 *endoivle : foible.* II 24, 812 *propre : obprobre.*

Ungenaue Reime: II 56, 1910 *acoste* : *reproce* (also *st* : *ts* oder wahrscheinlich mit Umsetzung der Laute, *ts* : *ts*). 9, 271 *salue* : *lune*.

Augenreime sind z. B. 154, 2271 *blechief* für *-ié* (: *brief*) 171, 2839 *susporte* für *-es*, ebenso 171, 2853 *endure* für *-es*. II 101, 3677 *passés* für *-ées*. II 167, 181 *contredi* für *-it* (:*di*). II 274, 159 *ame* für *aime* (: *larme*). III 133, 1184 *court* (*cursus*) für *cours* (: *court*). III 190, 1721 *veneur* für *venir* (: *veneur*).

In der altfranzös. Metrik, wie teilweise noch neufrz., ist es erlaubt, die weibliche Reimendung aus einem einsilbigen, enklitischen Worte zu bilden; von solchen verwendet Froissart: *ce*: 79, 925 *pascience* : *en ce*. III 9, 273 *puissance* : *sans ce*. III 267, 2771 *vache* : *à che*. II 117, 3955. II 119, 4015. II 288, 116. III 8, 243. III 19, 623. III 26, 841. III 28, 935. III 138, 1379. III 222, 4. III 258, 250. III 262, 2635.

*te*: 171, 2842 *endor te* : *ressorte*. III 18, 569 *presente* : *present te*. II 253, 247. III 108, 29.

*ne*: III 19, 611 *souverrainne* : *souverain ne*.

*de*: III 47, 1579 *orde* : *or de*.

*je*: 4, 90 *rendage* : *sçai je*. 63, 341 *orloge* : *os ge*. 119, 1108 *sige* : *di je*. 184, 3298. 272, 1802. 276, 1944. 294, 2478. II 18, 594. II 23, 754. II 219, 89 u. 90. II 261, 164 u. 168. III 31, 1021. III 68, 505. III 110, 6, 27 u. 29. III 122, 827. III 125, 921. III 218, 6. III 238, 6. III 239, 19.

*je* und *ce* bilden daneben auch 2 mal männlichen Reim untereinander: 276, 1946
> *Neptisphelé, estes vous ce?*
> *Oil, dous amis, ce sui je.* 253, 1201.

Tobler S. 127 erwähnt das Verfahren mehrerer Dichter, einen männlichen Vers, dessen Reimendung eins der enclitischen Wörter ist, mit einem weiblichen reimen zu lassen, sodass der erstere Vers um eine Silbe verkürzt ist. Ein Beispiel hierfür bietet auch Froissart, III 206, 2253
> *Entendez sa requeste en cé,*
> *Vecy ainsi qu'elle comménce.*

# Lebenslauf.

Geboren wurde ich, Franz Albert Blume, am 4. Oktober 1865 zu Hannover. Meine Schulbildung erhielt ich auf dem Leibniz- und dem I. Realgymnasium meiner Vaterstadt; letztere Anstalt verliess ich Ostern 1884 mit dem Zeugnis der Reife und studierte seitdem die neueren Sprachen zu Göttingen, Berlin und Greifswald. Ich hörte die Vorlesungen folgender Herren Professoren und Dozenten:

### Göttingen:
Andresen, Baumann, Goedeke, Heyne, Kœune, G. E. Müller, Napier, Schmarsow, Vollmöller, A. Wagner.

### Berlin:
Hoffory, Rödiger, Scherer, Schwan, Tobler, Zupitza.

### Greifswald:
Behrens, Konrath, Koschwitz, Reifferscheid.

Ich war in Greifswald Mitglied der Seminarien der Herren Professoren Konrath und Koschwitz und des Proseminars des Herrn Prof. Reifferscheid, ferner nahm ich teil an den Übungen des Herrn Dr. Behrens, sowie der Herren Professoren Rehmke und Schuppe.

Allen meinen Lehrern sage ich an dieser Stelle den besten Dank für ihre Bemühungen, insbesondere aber dem Herrn Professor Koschwitz, welcher mich bei Abfassung der vorliegenden Arbeit stets in der freundlichsten Weise unterstützt hat. Dankbar bin ich auch Herrn Dr. Behrens für mannigfache Anregung, welche er mir im Laufe der Arbeit zu teil werden liess.

# Thesen.

## I.

Am Ende mehrsilbiger Wörter kann *ę* in späteren, pikardischen Dichtungen im Hiatus stehen.

## II.

Die altfranzösischen Inclinationsformen der Pronomina sind bei Froissart verschwunden, die von Scheler in den Text gesetzten *nel* und *jel* (III 151, 24 und III 260, 2548) für die handschriftlichen *ne le* und *je le* daher nicht zu billigen, und die Verse in anderer Weise zu emendieren.

## III.

Franz. *rouille* lässt sich nicht mit Armbruster, Geschlechtswandel im Französischen, S. 114, auf *robigula zurückführen.

## IV.

Die Ansicht verschiedener Gelehrter, dass Ælfric's Passiones Sanctorum in dem Versmasse Otfrid's geschrieben seien, ist anfechtbar.